ANKE
PRECHT

# WENN DIR DAS LEBEN IN DEN ARSCH TRITT, NUTZE DEN SCHWUNG

Wie die Zumutungen des Lebens
zur größten Chance werden

*Meinen Kindern Linus,*
*Cornelius und Yuna Grete.*

# INHALT

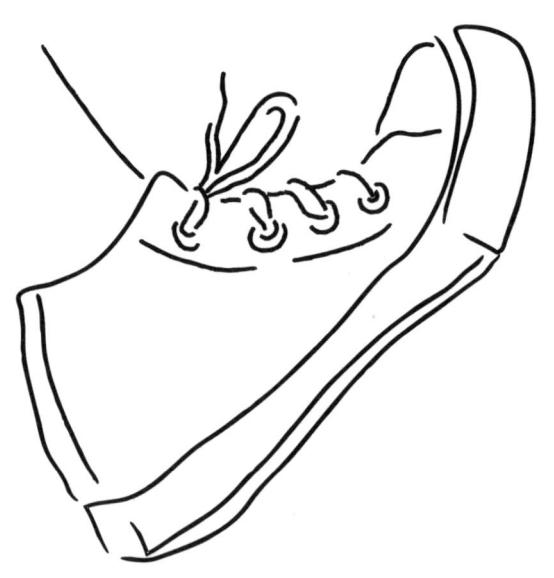

# NICHT SCHON WIEDER ...

Oh no! Kaum glaubt man sich auf der sicheren Seite, alles unter Kontrolle, alles im Plan, macht irgendetwas einen Strich durch die Rechnung. Das Leben gibt einem einen Arschtritt. Supergemein! Und irgendwie hört es auch nie auf.

Warum eigentlich? Könnte man nicht auch ohne Arschtritte leben? Wäre es nicht besser, wir würden sie einfach vermeiden? Uns da aufhalten, wo das Leben freundlich ist und sich in Sachen Gemeinheiten ein bisschen zurückhält?

Ganz ehrlich? Ich fände das super! Kaum etwas hasse ich mehr als diese miesen Stolperfallen, die meistens genau dann kommen, wenn ich am wenigsten damit gerechnet habe. Alles gut, alles unter Kontrolle. Und dann macht es »Peng!«. Alles liegt in Trümmern und ich stehe mittendrin und reibe mir die Augen. Das kann doch nicht sein! Aber genau so ist es.

Arschtritte des Lebens kann man etwa so gut vermeiden wie die Nacht nach dem Tag. Sie kommen zwar nicht ganz so vorhersehbar, aber doch sehr zuverlässig immer mal wieder vorbei und heben dann das gewohnte Leben aus den Angeln. Mit Macht werfen sie uns aus allen Komfortzonen. Auch wenn wir es überhaupt nicht verdient haben. Sie erwischen uns meistens da, wo wir am verwundbarsten sind. Krisen der unterschiedlichsten Art. Ich hasse diese Momente. Und würde viel geben, sie zu umgehen. Nur: Es geht nicht.

Aber von vorne. Ich bin Psychologin. Ich sollte mich mit so was eigentlich gut auskennen. Aber in sieben Jahren Studium habe ich so gut wie nichts über Krisen gelernt. Nicht, dass sie überhaupt kein Thema gewesen wären. Aber eher am Rand, als unglückliche Ausnahmefälle, in die manche Menschen reinrutschen können. Wie in Unfälle, die man durch eine vorsichtige Fahrweise aber eigentlich vermeiden sollte. Genauso denken immer noch sehr viele Psychologen und beschäftigen sich deshalb damit, wie man das Leben vorhersehbar gestalten und so planen kann, dass möglichst alles glattläuft.

Psychologen sind eben auch nur ganz normale Menschen. Auch sie haben Angst davor, ihr Leben nicht mehr im Griff zu haben. Auch sie möchten gern daran glauben, dass man die schlimmsten Widernisse verhindern kann, indem man alles richtig macht. Also verbringen sie viel Zeit mit der Frage, wie man eine Krise künftig verhindern kann. Als wäre das möglich. Und als wäre das die entscheidende Frage.

Ich glaube inzwischen, dass das gar nicht die entscheidende Frage ist. Daher wird es in diesem Buch auch nicht um diese Frage gehen. Solltest du also hoffen, hier das Rezept zu finden, wie du allen Arschtritten des Lebens ausweichen kannst, muss ich dich enttäuschen. Ich weiß: Das klingt hart und kann ziemlich desillusionierend sein. Aber so ist es und es wäre doch blöd, wir würden uns auf Dauer etwas vormachen, oder? Denn dann investieren wir unsere Energie falsch: ins Vermeiden statt in die Frage, was wir tun können, wenn es so weit ist. Und ob in so einem Unglück nicht vielleicht eine besondere Chance oder sogar richtig viel Power liegt.

Als Psychologin sage ich: ja! Eine ganze Menge sogar. Krisen sind toll. Sie wirken wie ein Wachstumsbooster und ohne sie bleiben wir dumpfe Wesen, die sich im Lauf eines langen Lebens kaum entwickeln. Steinzeitmenschen sozusagen, auf die grundlegenden Genüsse des Lebens fixiert: essen, trinken, schlafen, vögeln und möglichst viel Genuss in einer möglichst großen Komfortzone. Menschen, die zwar älter, aber nicht wirklich weiser werden. Menschen, die ihr Potenzial nicht entfalten. Das entfaltet sich nämlich leider meistens nicht von selbst. Es braucht Erschütterungen und Widernisse. Auch wenn wir von Natur aus alle bequem und auf möglichst viel Sicherheit bedacht sind.

Als Mensch sage ich: Was für ein Quatsch! Was soll schon falsch sein an Sicherheit und Komfort? Entwicklung geht auch so. Aber das hat damit zu tun, dass ich wie jeder andere keinen Spaß an Schmerzen habe – auch nicht an seelischen. Tief in mir hoffe ich daher nach jeder Krise, dass das nun die letzte war. Ich lüge mir also genauso in die Tasche wie jeder andere auch, wenn es um mich ganz persönlich geht. Und um diejenigen, die mir am Herzen liegen, meine Kinder zum Beispiel. Auch für sie wünsche ich mir ein krisenfreies Leben und leide mit, wenn sie einen Tritt bekommen.

Im Rückblick ist man bekanntlich immer schlauer. Aus dieser Perspektive erkenne ich, dass jede Krise zu irgendetwas gut war, vorausgesetzt, ich habe wirklich aus ihr gelernt und ihre Energie genutzt. Und wo mir das nicht gelungen ist, hat mir das Leben mit absoluter Zuverlässigkeit mindestens noch eine zweite Chance beschert.

## KENNST DU EINEN STARKEN MENSCHEN, DER EIN EINFACHES LEBEN HATTE?

In meinen jungen Jahren habe ich Bücher über positives Denken geradezu verschlungen – auch noch während meines Studiums. Die Aussicht, mit der Kraft meiner Gedanken genau das Leben zu erreichen, das ich mir wünsche, hat mich beflügelt und ich habe viel Zeit dafür verwendet, auf meine Gedanken zu achten. Ich habe meine Ziele aufgeschrieben, positive Affirmationen gesprochen, mich mithilfe von Visualisierungen in eine fantastische Zukunft geträumt und fest daran geglaubt, dass ich mein Schicksal damit selbst in der Hand habe. Unzählige Autoren haben das versprochen und bestätigt. Absolut glaubhaft. Sie berichteten von zahlreichen Beispielen, die das zu beweisen scheinen. Sie hatten ihren Traumpartner oder ihre Traumpartnerin gefunden, entzückende Zwillinge geboren, waren reich geworden und erfolgreich und wurden von allen geliebt. Wer möchte das nicht? Da wäre man ja schön blöd, wenn man nicht mitmachen würde, und am Ende wäre man selbst schuld, wenn man ein klägliches Leben führt. Falsch gedacht heißt schon verloren. Wer dagegen richtig denkt, dem geht es gut.

Zwischen damals und heute liegen inzwischen ein paar Jahrzehnte. Ich habe schmerzhaft gelernt, dass dem Leben leider oft vollkommen egal ist, was ich mir wünsche. Viele der Autoren, die damals über die Macht der Gedanken geschrieben haben, sind heute tot, verunglückt oder an Krebs gestorben und ein Teil der entzückenden Kinder hat einen wenig erfreulichen Weg eingeschlagen. Mir ist klar geworden: Mit der Überzeugung, das Leben sei steuerbar, durch Planung oder positives Denken, sind leider die meisten an die Wand gefahren. In den 1990er-Jahren war einer der häufigsten Sätze, die man sich gegenseitig sagte: »Sieh es doch positiv!« Ich habe gehört, es gibt Leute, die sagen das heute immer noch. Was beweist, dass die Menschheit nur langsam lernt.

In meinem Job habe ich inzwischen viele Menschen kennengelernt, die überhaupt kein Glück hatten und immer wieder vom Leben oder in Vertretung von ihren Mitmenschen immer dann in den Arsch getreten wurden, wenn sie es am wenigsten gebraucht haben und am verletzlichsten waren. Nicht wenige von ihnen haben bis dahin an das positive Denken geglaubt und es fleißig praktiziert. Manche haben sich sogar selbst die schrecklichsten Vorwürfe gemacht, weil sie sicher waren, beim Denken eben doch nicht positiv genug gewesen zu sein und damit das Unglück heraufbeschworen zu haben. Und nicht wenige haben versucht, aus der Krise zu kommen, indem sie noch mehr Zeit und Energie in das positive Denken gesteckt haben als bisher. In der Regel ohne Erfolg – sonst wären sie ja nicht früher oder später zu mir in die Praxis gekommen.

Die Überzeugung, positives Denken könne uns auf die Sonnenseite des Lebens beamen und uns vor allen Stürmen bewahren, ist ein klassisches Beispiel dafür, wie wir uns selbst in die Tasche lügen. Daran ist nichts Verwerfliches: Wir lügen uns ständig selbst in die Tasche. Das ist zutiefst menschlich. Wir machen uns vor, der neue Partner, die neue Partnerin sei perfekt, treu und liebenswert und würde uns für immer glücklich machen. Bis der Taumel der ersten Monate vorbei ist und wir bemerken, dass er/sie eben auch ein ganz normaler Mensch ist mit wundervollen Seiten, aber auch mit solchen, die uns zur Weißglut treiben. Ich habe diese Story trotzdem jedes Mal von Neuem geglaubt, wenn ich mich verliebt habe. Der jeweils aktuelle Mann war genau jener, auf den ich schon immer gewartet habe, und ich war überzeugt, dass die Zeit der Tränen für immer vorbei wäre. Und sage jetzt nicht, das wäre dir noch nie passiert.

Vielleicht merkst du, dass sich bei dir Widerstand regt, wenn du das liest. Das ist normal. Es zeigt, dass du zu deinen Überzeugungen stehst und sie nicht einfach über den Haufen wirfst. Außerdem ist es kurzfristig eine gesunde Reaktion deiner Psyche. Sie schützt dich vor unangenehmen Gefühlen. Das ist einer ihrer Aufgaben. Dass sie damit kurzfristig erfolgreich ist, reicht ihr in der Regel. Langfristige Schäden nimmt sie dafür manchmal in Kauf. Und es gibt gute Gründe dafür. Denn die Vorstellung, dass das Leben unberechenbar ist und uns früher oder später der nächste kräftige Arschtritt bevorsteht, macht Angst. Viel Angst sogar! Angst aber ist ein sehr unangenehmes Gefühl und genau deshalb tun wir eine Menge, um sie zu vermeiden. Wir lügen uns zum Beispiel selbst in die Tasche und alle um uns herum belügen wir gleich mit.

Es ist also in Ordnung, wenn du nicht gerade riesige Lust spürst, dich mit den fiesen Seiten des Lebens zu versöhnen. Trotzdem hast du genau diese Seiten sicher schon einige Male erlebt. Und wirst sie noch öfter erleben. Ich wünsche es dir nicht, ich weiß nur: Es wird passieren.

Wie kann ich mir so sicher sein? Nimm dir einen Moment Zeit, das Leben als Ganzes zu betrachten. Von Beginn an, als du als hilfloses Bündelchen Mensch auf die Welt gekommen bist.

Ich weiß nicht, ob deine Familie diejenige ist oder war, die du dir auch freiwillig ausgesucht hättest – jedenfalls ist oder war es die, die du hast/hattest, und du hast gelernt, mit ihr auszukommen. Möglichst gut. Wahrscheinlich hast du schon in deiner Kindheit die ersten Schrammen abbekommen und vielleicht sind sie noch nicht alle geheilt. Niemand verdient das, aber es ist so. Es ist der Preis des Lebens.

Nun bist du mehr oder weniger selbstständig und stehst auf eigenen Beinen. Du lebst dein Leben, so gut es geht. Du hast dir Menschen gesucht, die dir wichtig sind. Vielleicht hast du Kinder, einen Partner oder eine Partnerin, vielleicht auch verschiedene, ich weiß es nicht. Du versuchst, mit dem Leben klarzukommen, und genau das ist richtig. Vielleicht sehnst du dich manchmal nach einer Zeit, die noch besser ist als die aktuelle. Vielleicht hast du es gerade schwer, vielleicht hast du sogar gerade einen Arschtritt abbekommen und wünschst dir nichts sehnlicher, als dein Leben mit jemandem zu tauschen, der mehr Glück hat als du. Wenn du aber nach vorne schaust, in die Zukunft, die nahe, in der du Neues erleben wirst, aber auch in die ferne Zukunft, dann weißt du: Auch wenn du es im Alltag sicher meistens verdrängst, wie fast jeder das macht, wirst du eines Tages nicht mehr da sein. Dann wirst du alles und jeden verloren haben, der dir am Herzen liegt. Entweder weil du diese Dinge oder diese Menschen verlieren wirst, während du lebst – oder weil du gehst und deine Liebsten noch da sind. Das Einzige, was im Leben sicher ist, in deinem und in meinem, ist, dass wir alles verlieren, was uns wichtig ist. Früher oder später. Ist es dann nicht eigentlich albern, dass wir uns ständig vormachen, genau das verhindern zu können? Und uns deswegen jahre-, womöglich jahrzehntelang mit positivem Denken und anderem zu beschäftigen, um eine sorgenfreie Zukunft zu haben? Wäre es dann nicht besser, das Leben so zu nehmen und manchmal auch zu genießen, wie es ist? Und zwar genau jetzt? Mit allen Ecken und Kanten, Katastrophen und Unzulänglichkeiten?

## OHNE SCHMERZ KEIN FORTSCHRITT

Das Leben ist nicht immer leicht. Aber gerade deshalb ist es gut. Ich weiß: Wir wünschen uns das nicht. Ich nicht und du nicht. Aber trotzdem ist es gut. Ohne die Krisen, die Zeiten, in denen wir das Leben verfluchen, uns selbst leidtun, leiden und vielleicht sogar verzweifelt sind, wachsen wir nicht. Ohne Schmerz gäbe es keinen wirklichen Fortschritt.

Wäre nicht irgendwann der Wald abgebrannt oder die Bananenernte wegen eines Unwetters ausgefallen, würden wir heute immer noch auf den Bäumen sitzen. Wäre es nicht bitterkalt gewesen und wären nicht einige von uns im Winter in den Höhlen erfroren oder hätten wir das rohe Essen immer bestens vertragen, hätten wir uns nicht die Mühe gemacht zu lernen, wie man ein Feuer entfacht und es hütet. Viele grandiose Ärzte und Forscher haben als Kind einen geliebten Menschen an eine schwere Krankheit verloren. Hätte mich mein Statistikprofessor an der Uni nicht vor dem ganzen Semester bloßgestellt und mir geraten, doch lieber ins Schwimmbad zu gehen, anstatt mich mit Statistik herumzuplagen, wo bei mir doch Hopfen und Malz verloren sei, hätte ich niemals die Entschlossenheit aufgebracht, mit meiner Überzeugung zu brechen, dass ich mathematisch vollkommen unbegabt sei. Erst war ich zutiefst gekränkt, dann versank ich in Selbstmitleid. Wie gemein der war. So was macht man nicht. Warum gerade ich? Ich habe mich doch immer angestrengt. Ich hätte mein Studium fast hingeschmissen. Aber dann kam die Wut und ich dachte: Dem zeige ich es! Von dem lass ich mich nicht unterkriegen! Ich werde mich doch von diesem Arschloch nicht aus dem Studium kicken lassen! Und das habe ich auch umgesetzt. Es war schlimm. Ich habe noch nie im Leben so hart gearbeitet, so viele Tränen über einem Stoff vergossen, tagelang an Aufgaben getüftelt und mich durch Zahlen gearbeitet, die mir erst völlig unverständlich schienen, sich aber wie durch ein Wunder nach und nach erschlossen. Meine Prüfung schaffte ich mit Bravour und sie rettete mich durch das Jahr an meiner französischen Uni, wo über die Hälfte der Studenten durchfiel. Heute bin ich diesem Professor dankbar. Er hat mir die Wahrheit ungeschönt gesagt. Das war meine Rettung.

## WAS DU ERWARTEN KANNST

Als ich damit angefangen habe, dieses Buch zu schreiben, war gerade Corona über unser Leben hereingebrochen. Die Megakrise! Unvermittelt war alles, was bisher stabil schien, ins Wanken gekommen. Mein Leben hatte sich mit dem ersten Lockdown innerhalb von einer Woche komplett verändert. War ich vorher drei Tage pro Woche in ganz Deutschland unterwegs, hielt Seminare und Vorträge und unterstützte Unternehmen und Leistungssportler, stand plötzlich alles still. Die Volleyballbundesliga, in der ich ein Team coachte, wurde abgebrochen, Veranstaltungen auf Monate hinaus abgesagt und viele meiner Freunde, die selbstständig sind, kämpften plötzlich um ihre wirtschaftliche Existenz. Meine Mitarbeiterin war im Homeoffice, die Kinder mussten sich Mathe selbst beibringen, mehr schlecht als recht, und vermissten ihre Freunde. Die Tapete, die sich schon länger von der Wand im Badezimmer ablöste, ging uns allen plötzlich richtig auf die Nerven. Wir machten uns Sorgen um meine Mutter, die nach einer schweren Herzoperation noch nicht wieder richtig fit war, sagten unseren Urlaub ab und krempelten stattdessen die Ärmel hoch, um zu überlegen, wie wir uns am besten aus den unerwarteten Widernissen befreien konnten. Mein ältester Sohn war im Krankenhaus und von einem Tag auf den anderen durfte ihn niemand mehr besuchen. Plötzlich war er auf sich allein gestellt und musste innerhalb von einer Stunde groß werden.

Aber nicht nur ich und meine Familie hatten einen Arschtritt bekommen. Ganz vielen Menschen um mich herum ging es so, wenn auch auf ganz unterschiedliche Weise. Freunde mussten ihr Leben neu organisieren, Beziehungen brachen zusammen, in meiner Praxis reihte sich Krise an Krise und viele alte Themen kamen im Gefolge bei den Menschen wieder hoch. Wann, wenn nicht jetzt darüber schreiben, dachte ich mir. Jetzt ist alles aktuell, die Krise ist da, live, und ich legte los …

Du wirst davon lesen, was du aus Krisen machen kannst – und warum die Arschtritte des Lebens dazu genutzt werden können, richtig Tempo zu bekommen, auch wenn sie erst einmal gehörig wehtun. Zeiten, in denen dir dein Leben um die Ohren fliegt, sind die Zeiten, in denen Entwicklungen extrem schnell gehen. Wir haben das in den letzten Monaten schon in vielen Unternehmen erlebt: Wo schon seit Jahren über Homeoffice diskutiert wurde, ist es jetzt plötzlich Normalität. Wir sehen es aber auch bei ganz vielen Menschen, die genau jetzt mutig wurden und sich entschieden haben, einen uralten Traum auszugraben und anzugehen.

Ich werde in diesem Buch immer wieder Geschichten von Menschen erzählen, die ich kennengelernt habe, weil wir von den Erfahrungen anderer wunderbar lernen können – und weil mich viele dieser Geschichten sehr tief berührt haben. Natürlich habe ich Namen und persönliche Angaben so weit verändert, dass die Anonymität gewahrt bleibt.

Nichts lässt dich schneller wachsen als eine Krise. Je gravierender sie dein Leben umwirft, je mehr sie es aus den Fugen hebt, umso dringlicher zwingt sie dich, über dich selbst hinauszuwachsen. Krisen sind, so sehr du sie zum Teufel wünschst, für die Entwicklung ein Segen. Du wirst gezwungen, wichtige Entscheidungen zu treffen, Risiken einzugehen und Dinge zu wagen, die du dir bisher nicht zugetraut hast. Weil du nichts mehr zu verlieren hast.

Du findest in diesem Buch eine Anleitung, wie du mit den Arschtritten des Lebens umgehen kannst. Wie du sie am besten überstehst, wie du dich verarztest und wie du es schaffst, die richtigen Entscheidungen zu treffen. Du findest Rezepte gegen die Angst, aber auch ganz viele Checklisten und Tricks, die dir dabei helfen, dich zu entwickeln und zu verstehen, wohin das Leben dich katapultieren will. Außerdem lernst du, wie du dich stabilisierst. Das Ziel ist nicht, künftige Katastrophen generell zu vermeiden, denn das geht nicht – sondern gestärkt und zuversichtlicher mit den Arschtritten der Zukunft umzugehen.

## GEWAPPNET FÜR DAS UNWETTER

Im nächsten Kapitel schauen wir uns genauer an, was so einen gewaltigen Arschtritt, eine echte Krise überhaupt ausmacht. Welche Arten von Krisen gibt es? Wie unterscheiden sie sich?

Dann beschäftigen wir uns genauer mit der Psychologie der Krise. Was passiert währenddessen, aber auch schon vorher und nachher? Warum setzen diese Momente so unglaublich viel Energie frei? Wie kommt es, dass wir so kreativ werden und uns manchmal über Nacht ganz neu fühlen, wo kurz vorher noch die Welt zusammengebrochen ist? Du wirst dich bestimmt an vielen Stellen wiedererkennen und dich an Situationen aus deinem Leben erinnern, die dich geprägt haben. Du erfährst mehr über die tiefe transformatorische Kraft von Krisen. Sie verändern dich ganzheitlich.

Was ist aber ganz konkret zu tun, wenn du mitten in der Krise steckst? Vielleicht ist das ja gerade jetzt der Fall. Ab Seite 72 erfährst du dann, wie du aus Angst und Ohnmacht aussteigst und wieder handlungsfähig wirst. Du entdeckst dort viele praktische Techniken und lernst, was die Krise von dir will. Das ist wichtig, damit du sie nicht in ein paar Monaten oder Jahren ein zweites Mal serviert bekommst. Du erhältst Unterstützung dabei, die Entscheidungen zu treffen, die für dich dran sind.

Im letzten Kapitel zeige ich dir, wie du mentale Stärke gewinnst – für die Zukunft. Je mehr du davon besitzt, umso weniger hauen die Arschtritte dich um. Du landest vielleicht erst einmal auf dem Boden, rappelst dich aber schneller wieder auf und kannst daran gehen, dein Leben neu zu ordnen. Eine starke Psyche verhindert keine Katastrophen. Du erinnerst dich: Das Leben ist nicht fair. Ganz im Gegenteil! Du weißt aber, dass du besser mit Sidekicks zurechtkommen wirst. Wie ein Seefahrer, der ein richtig stabiles Schiff und eine gut trainierte Mannschaft hat. Auch er wird in Stürme kommen, vielleicht sogar mal lecklaufen. Aber er ist besser vorbereitet als der Kollege, der jahrelang am Strand gechillt und seine Matrosen in der erstbesten Spelunke rekrutiert hat. Du kannst mentale Stärke trainieren. Wie das geht, lernst du Schritt für Schritt.

Benutzte dieses Buch wie einen Kompass, der dich auf einer Expedition begleitet und dich sicher führt. Du kannst auch große Herausforderungen gut bewältigen. Zu wissen, dass es sie immer wieder geben wird, kann den Blick verändern, damit du sie künftig ein bisschen besser vorbereitet empfangen kannst. Auch dann, wenn du sie nicht bestellt hast.

Du bist nicht allein. Es geht jedem so. Sogar den Menschen in den Hochglanzmagazinen, die es niemals zugeben würden. Es ist einfach normal und egal, wo und wie du lebst: Du kommst nicht drum herum. Also krempele lieber die Ärmel hoch und hisse die Segel. Denn schon Aristoteles soll gesagt haben: Du kannst den Wind nicht ändern. Aber du kannst die Segel anders setzen. Dann wird das Leben wieder zu einem wagemutigen Abenteuer. Zu einer Reise zu deiner tiefen inneren Kraft und zu deinem ureigenen Potenzial!

Ich gehe einfach ein Stück mit dir mit. Ich habe viele Krisen überstanden und weiß: Wenn sie da sind, tun sie weh. Und lohnen sich trotzdem. Lass uns lossegeln!

Deine Anke

# ARSCHTRITTE SIND KRISEN – ABER WAS BEDEUTET DAS ÜBERHAUPT?

In diesem Kapitel geht es darum, welche Arten von Krisen es gibt und worin sie sich unterscheiden. Gleichzeitig erfährst du, warum das Leben in Krisen komplett anders ist als sonst – und du wirst einige Déjà-vus erleben.

# EINE KRISE IST EIN WENDEPUNKT – MEISTENS EIN DRAMATISCHER

Unter einem Sidekick des Lebens verstehe ich nicht den Moment, in dem mir der schöne Parkplatz von diesem arroganten Typen geklaut wird. Klar, das nervt. Aber es tut nicht wirklich weh. Ich kann einen anderen Parkplatz suchen und außer einer Minute Zeit verliere ich nichts. Wer schon solche Situationen einen Arschtritt nennt, hat ein echtes Luxusproblem. In diesem Fall wäre es wichtig, Gelassenheit zu üben. Denn sich bei jeder kleinen Widrigkeit aufzuregen ist pure Energieverschwendung. Das ist, wie beim Schwimmen im Meer zu erwarten, dass es keine Wellen gibt. Unmöglich. Eine Strategie, sich selbst unglücklich zu machen. Aber nicht unser Thema.

Wir sprechen von Krisen. Von Einschnitten im Leben, die ein »Vorher« von einem »Nachher« trennen. Nach einer Krise ist alles anders als vor der Krise. Es gibt kein Zurück mehr.

Eine Krise kann innerhalb weniger Momente, Tage oder Wochen die Lebensumstände so radikal verändern, dass das Leben danach komplett neu ist. Krisen sind also keine quantitativen Veränderungen: Etwas ist hinterher ein bisschen besser oder schlechter als vorher, jemand ist ein bisschen reicher oder ärmer als vorher, er muss ein paar Meter mehr oder weniger bis zum Parkplatz laufen oder fühlt sich etwas mehr oder weniger geliebt. Eine Krise verändert das Leben grundlegend. Du bist danach ein anderer Mensch.

Viele Krisen sind von außen gut erkennbar. Da gerät zum Beispiel eine Beziehung in eine Krise, es knallt, es gibt Tränen, er oder sie zieht aus, das ganze Dorf redet und vielleicht trennen sie sich. Ein politisches System verändert sich innerhalb kürzester Zeit, es gibt einen Umbruch, gravierende Einschnitte und das Leben in dieser Gesellschaft ist nicht mehr das gleiche wie vorher. Es folgt neuen Regeln. Eine Währung gerät in eine Krise und mit dem Gegenwert für das verkaufte Haus bekommt man gerade einmal die Kinder eine Woche lang satt. Alte Werte sind plötzlich nichtig.

Aber auch eine schwere Krankheit oder ein Unfall lösen eine Krise aus, besonders wenn es ums Überleben geht oder wenn schwere körperliche Einschränkungen die Folge sind. Wer früher Marathon gelaufen ist und plötzlich nur noch ein Bein hat, für den verändert sich fast alles. Wer sich mal stolz für einen tollen Aufreißer gehalten hat und impotent wird, muss sich komplett neu definieren. Einfach ist das nicht.

Andere Krisen finden im Innern statt, ohne dass es irgendeinen äußeren Anlass für sie zu geben scheint. Das gilt vor allem für die sogenannten Bilanzkrisen, von denen du gleich noch mehr lesen wirst. Da kann ein Mittvierziger plötzlich nachts nicht mehr gut schlafen, wird von Tag zu Tag unzufriedener und beginnt, sein ganzes bisheriges Leben infrage zu stellen, obwohl von außen gesehen alles in Ordnung scheint: Die Kinder sind gesund, die Partnerschaft ist harmonisch, die Raten für das Haus gesichert, der Job stabil. Und dennoch fühlt sich plötzlich alles falsch an, nichts stimmt mehr und alles scheint durcheinander – obwohl die Tage genau gleich ablaufen wie noch ein Jahr vorher.

Oder eine Frau kriegt plötzlich eine Depression und fängt an, abends ungesunde Mengen Wein zu trinken – obwohl ihre Kinder schon vor zwei Jahren von zu Hause ausgezogen sind und sie eigentlich ganz zufrieden damit ist. Das erscheint sehr rätselhaft. Erklärt sich aber, wenn man verstanden hat, was die Ursache für Krisen ist – und wozu wir sie brauchen. Ich weiß, »brauchen« ist ein hartes Wort. Ganz persönlich würde auch ich Stein auf Bein schwören, dass ich natürlich keine Krise brauche. Als Psychologin jedoch würde ich sagen: Klar, jeder Mensch

## DER BEGRIFF »KRISE«

Das Wort »Krise« kommt aus dem Altgriechischen und bedeutete ursprünglich »Meinung«, »Beurteilung« oder »Entscheidung«. Also ein Moment, in dem einer Sache oder einer Situation eine Bedeutung gegeben wurde, die dann Konsequenzen hatte. Im Deutschen taucht das lateinische Wort »crisis« ab dem 16. Jahrhundert in medizinischen Zusammenhängen auf. Als Crisis wird der Moment einer Infektion bezeichnet, in der das Fieber am höchsten ist. Bei einem unglücklichen Verlauf stirbt der Patient im Anschluss an die Crisis. Bei einem glücklichen Verlauf sinkt danach das Fieber stark ab und der Patient kann genesen. In der Crisis entscheidet sich das Schicksal des Kranken. Es geht um alles!

Hier erkennen wir zum ersten Mal den existenziellen Aspekt der Krise. Sie ist nicht nur ein Wendepunkt: In ihr entscheidet sich auch, wie und ob das Leben überhaupt weitergeht. Sie ist der Entscheidungspunkt und bei dieser Entscheidung geht es immer um etwas Grundlegendes. Außerdem gibt es ein klares Vorher und ein klares Nachher.

Auch heute geht es in Krisen manchmal um Leben und Tod. Und selbst wenn nicht, wie bei einer Trennung, fühlt es sich doch immer so an. Krisen treffen da, wo es am meisten wehtut. Wir verwenden deshalb heute den Begriff der Krise für alle existenziellen Momente, in denen sich das Leben von einem Zustand in einen ganz neuen verändert. Sagt also jemand beim Vorbereiten einer Gartenparty: »Ich kriege die Krise«, wenn plötzlich Gewitterwolken aufziehen und unklar ist, ob die Party ins Wasser fällt, mag das in diesem Moment zwar belastend sein. Diesem Menschen dürfen wir jedoch getrost raten, einfach tief durchzuatmen. Eine Krise ist das nicht.

braucht Krisen. Sogar du, Anke. Das würde mir (persönlich) nicht wirklich gefallen.

Was die alten Griechen unter einer Krise verstanden haben, siehst du links. Das Wort stammt nämlich aus dem Griechischen, wir können also sagen: Die Griechen haben's erfunden.

## ES GEHT UM ALLES

Krisen sind also Situationen, die nicht nur schwer sind, sondern in denen alles auf dem Spiel steht und sich alles zuspitzt. Echte Arschtritte eben, die uns vehement aufwecken und wehtun und uns an einen Platz katapultieren, an dem wir verwundet sind und uns nicht auskennen. Krisen sind zudem immer von einer extremen Spannung begleitet. Das, was jahrelang normal war oder wofür wir jahrelang gekämpft haben, ist plötzlich weg oder spielt keine Rolle mehr. Was früher wichtig war, wird auf einen Schlag zur Nebensache.

Johannes kenne ich aus dem Coaching. Bei ihm lief beruflich im Grunde alles gut, er wollte aber noch besser werden. Mit Ende 30 hatte er eine Position in der mittleren Führungsebene inne und war fest davon überzeugt, seinen Job gut zu machen. Johannes war ehrgeizig und bereitete jeden Karriereschritt sehr besonnen, aber auch präzise vor. Seine Frau unterstützte ihn und hielt ihm den Rücken frei, indem sie sich um den kleinen Sohn Finn kümmerte – mit seinen drei Jahren ein Sonnenschein, wenn auch ein sehr anstrengender. Johannes hatte aber im Unternehmen einen Rivalen, der ebenfalls ein Auge auf die Position geworfen hatte, die in voraussichtlich drei Jahren frei werden sollte und die Johannes für sich gewinnen wollte. Dieser Rivale war einmal Johannes' Freund gewesen – bis Johannes gemerkt hatte, dass er ihn hinter seinem Rücken beiläufig bei wichtigen Menschen im Unternehmen schlechtmachte und sogar Andeutungen fallen gelassen hatte, Johannes sei ein Blender, der viel weniger draufhabe, als es den Anschein hätte.

Als Johannes zugetragen wurde, welches falsche Spiel der andere spielte, wollte er es erst nicht glauben. Tat es dann aber zum Glück doch. Die Erschütterung war groß. Um das zu verwinden und gleichzeitig den Rivalen mit fairen Mitteln zu besiegen, war er zu mir gekommen.

Viel größer als die berufliche Herausforderung hatte Johannes der Verrat durch seinen Freund getroffen. Damit hatten wir anfangs zu tun, bis sich Johannes von dem Schock erholt und gesunde Rückschlüsse daraus gezogen hatte. Nun wollten wir daran gehen, die Strategie für den Karriereschritt auch psychologisch zu planen. Da wurde bei Finn eine gefährliche Leukämie festgestellt. Johannes zog es über Nacht die Füße weg. Binnen Sekunden verlor alles, was ihm bis dahin wichtig erschienen war, seine Bedeutung. Alles, außer das Leben seines Sohnes.

In der Regel sind Krisen zeitlich sehr begrenzt, auch wenn die Zuspitzung manchmal bereits lange vorher begonnen hat. Bei politischen Krisen lässt sich im Nachhinein häufig gut erkennen, wann der Wendepunkt hin zur Krise war. Auch in Partnerschaften gibt es oft einen solchen Moment, an dem alles kippt. Doch den Beteiligten ist häufig nicht bewusst, dass sich die Situation mehr und mehr zuspitzt, weshalb sie die Entwicklung manchmal lange gar nicht bemerken. Die Krise dagegen spüren sie mit voller Wucht.

Manchmal trifft einen ein Sidekick des Lebens aber wirklich komplett unerwartet, so wie es bei Johannes der Fall war. Aber wenn die Krise erst einmal da ist, lässt sie sich nicht mehr wegreden. Selbst wenn man das versucht, und das tun viele Menschen, zum Beispiel indem sie sich sagen, das Ganze sei ein Albtraum oder nur ein Irrtum und morgen würde sich alles von ganz allein aufklären. Doch auch diese Leute spüren, dass sie sich etwas vormachen. Alle Zeichen stehen plötzlich auf Alarm. Das dominiert dann das gesamte Leben. Die Zuspitzung hat ihren höchsten Punkt erreicht, alles steht auf der Kippe und man hat keine Ahnung, wohin sich das Leben entwickeln wird.

## Die Kontrolle ist weg

Jeder Mensch sucht nach Sicherheit. Damit meine ich einerseits äußere Sicherheit, also Schutz und Kontrolle über die Umstände und das Wissen, dass wir im kommenden Monat unsere Brötchen bezahlen können, wenn wir zur Arbeit gehen. Aber auch innere Sicherheit: eine tiefe innere Überzeugung, dass wir, was auch immer passiert, damit klarkommen – selbst wenn es das Schlimmste ist. Allerdings besitzen diese tiefe innere Sicherheit nur wenige Menschen. Die meisten versuchen sich das Gefühl von Sicherheit durch die Illusion zu verschaffen, sie hätten ihr Leben und die Umstände immer im Griff. Verlieren diese Menschen das sowieso wackelige innere Gefühl von Sicherheit, weil etwas nicht klappt oder sie sich in einer für sie unbekannten Situation befinden, versuchen sie noch mehr, die äußere Kontrolle zu erlangen. Das ist der Grund, weshalb Menschen ihren Partnern oder Partnerinnen nachspionieren und heimlich deren WhatsApp-Nachrichten lesen. Es ist auch der Grund, wieso die einen mehrmals überprüfen, ob sie den Herd ausgestellt und den Wasserhahn auch wirklich abgedreht haben, und die anderen einen Text wieder und wieder durchlesen, obwohl schon lang kein einziger Rechtschreibfehler mehr darin zu finden ist. Und es ist der Grund, warum einige Arbeitgeber ihre Mitarbeiter übermäßig kontrollieren, selbst wenn diese ihre Zuverlässigkeit und Loyalität schon seit Jahren bewiesen haben.

Wer sich nicht sicher fühlt, kontrolliert. Manchmal kehrt dadurch das Gefühl von Sicherheit zurück – manchmal auch nicht. Doch spätestens in der Krise ist klar: Die Kontrolle ist weg – und wenn man sich auf den Kopf stellt. Was verloren ist, ist ein für alle Mal futsch! Der Partner, die Partnerin ist weg, von der einst blendenden Gesundheit nichts mehr übrig, die Existenz vernichtet. Es gibt keine äußere Sicherheit mehr. Stattdessen braucht es ganz neue Fähigkeiten, Kreativität, Mut und vor allem eine innere Sicherheit, die in unsicherer Situation die innere Stabilität zurückbringt.

### Es tut weh – und zwar richtig

Wenn es nicht richtig wehtut, ist es keine Krise. Krisen bringen uns an die Grenze unserer emotionalen Belastbarkeit. Sie sind immer extrem schmerzhaft. Sie tun manchmal mehr weh als alles andere, was wir jemals erlebt haben.

Das ist auch der Grund, warum so viele Menschen bereit sind, fast alles zu tun, um Krisen zu vermeiden. Die psychologische Strategie, die dafür am häufigsten genutzt wird, ist die Verdrängung: Man macht sich so lange wie möglich vor, dass alles gut ist, bis es gar nicht mehr anders geht. Manchmal geht das so weit, dass man sogar das Offensichtlichste nicht sieht und sich einredet, dass das, was man sieht, nicht wahr sei. Dass man es sofort wieder vergisst und auch nicht nachforscht – ganz im Gegenteil. Oder dass man es zwar sieht, sich aber einredet, alles hätte einen ganz anderen Hintergrund – einen guten. So wägt man sich weiterhin in Sicherheit.

So habe ich Sabine kennengelernt. Sie kam zu mir in die Praxis, weil ihre Beziehung in einer Krise war. Eigentlich finde ich es in solchen Situationen immer besser, wenn beide Partner kommen, denn die Krise hat ja nicht einer allein. Aber ihr Mann wollte nicht, sagte Sabine. Aber sie wollte Rat. Ihr Wunsch war, so sagte sie, als sie mir gegenübersaß, eine Strategie zu entwickeln, damit ihr Mann wieder freundlicher zu ihr würde. Er wäre die letzten Monate nur giftig und abweisend ihr gegenüber und hätte Gespräche einfach abgebrochen, indem er aufgestanden und weggegangen sei. Sie würde sich gar nicht mehr trauen, mit ihm zu reden, aber gleichzeitig sei das doch wichtig, um wieder zusammenzufinden. Klar, das leuchtete mir auch ein. Warum er denn so komisch sei, wollte ich wissen. Doch was Sabine daraufhin erzählte, ergab überhaupt keinen Sinn. Sie hätten eine lange Beziehung, die schon immer schwierig gewesen wäre, weil ihr Mann zahlreiche Seitensprünge hatte. Die seien zwar schmerzhaft für sie gewesen, aber nie ernst. Er sei immer bei ihr geblieben. Jetzt hätte er gerade wieder eine andere Freundin, sie wüsste auch, wen. Und deshalb wäre er halt so viel weg. »Wie viel denn?«, fragte ich neugierig nach. »Manchmal tagelang«, sagte Sabine.

Nach und nach stellte sich heraus, dass ihr Mann bereits einen Anwalt mit der Scheidung beauftragt hatte, der Sabine auch schon geschrieben hatte. Außerdem hatte ihr Mann ihr mehrmals gesagt, er wolle sich trennen. Sie glaubte es ihm aber nicht. Sie wüsste, dass er in Wirklichkeit nur sie lieben und wiederkommen würde. Nur gerade könne sie die Situation nicht gut aushalten. Es wäre ihr also recht, wenn sie eine Möglichkeit fände, seine Rückkehr zu beschleunigen.

Wenn du das liest, geht es dir sicher genauso wie mir, als ich Sabines Geschichte gehört habe. Für mich war glasklar: Der kommt nicht wieder. Er hat sich getrennt. Die Beziehung, die sich Sabine einredet, gibt es gar nicht mehr. Seine Rückkehr existiert nur in ihrem Kopf. Sie macht sich etwas vor, obwohl die Realität eindeutig anders und sie wahrscheinlich die Einzige ist, die das noch nicht wahrhaben will.

Wahrscheinlich schüttelst du jetzt den Kopf und denkst: So was ist zwar krass, würde mir selbst aber niemals passieren. Das glaube ich. Du hast wahrscheinlich nicht den gleichen blinden Fleck wie Sabine. Ich bin aber ziemlich sicher, dass du irgendeinen anderen blinden Fleck hast. Warum ich das weiß? Weil wir immer genau dort blinde Flecken ausbilden, wo wir die größte Angst haben. Sabine war von ihrem Mann emotional so abhängig, dass die Erkenntnis, ihn verloren zu haben, so schlimm gewesen wäre (ein Megaarschtritt sozusagen), dass ihr leichter erschien, weiter zu leiden und die Erkenntnis häppchenweise durchsickern zu lassen. Sabine war der Meinung, dass sie ihren Mann brauchte. Sie dachte, dass ihre Welt ohne ihn zusammenbrechen würde. Also hat sie sich die Realität schöngeredet. Das tun wir ständig – du und ich auch. Unser Unterbewusstsein meint es nämlich manchmal zu gut mit uns, wenn es uns vor Schmerzen schützen möchte. Dann pinselt es die Welt einfach ein bisschen rosa an und wir können etwas länger in unserer Komfortzone bleiben. Bis uns die Welt früher oder später eben doch um die Ohren fliegt, so wie bei Sabine.

Es gibt viel mehr Menschen, als wir glauben, die jahrelang nicht mitbekommen, dass ihr Partner oder ihre Partnerin ein Doppelleben führt. Nicht, weil es keine Hinweise dafür gäbe – die gibt es immer. Sondern weil sie diese übersehen und ihr Unbewusstes sie mit allen Mitteln vor der schmerzhaften Wahrheit (und den vielleicht notwendigen Erkenntnissen und Konsequenzen) zu beschützen versucht. Das geht manchmal sogar so weit, dass der Kontakt zu warnenden Freunden abgebrochen wird, bevor diese zu überzeugend werden und das mit Mühe verteidigte rosa Weltbild ins Wanken bringen.

Andere merken lange nicht, dass sie weit über ihre Verhältnisse leben. Sie finden immer wieder neue Möglichkeiten, sich selbst und den Menschen in ihrer Umgebung vorzumachen, dass alles im grünen Bereich sei, obwohl sie ihre Schulden schon lange nicht mehr zurückzahlen. Sogar Unternehmern geht es manchmal so. Sie merken nicht, dass ihr Unternehmen eigentlich schon pleite ist, und machen sich vor, dass die entscheidende Wende in ganz kurzer Zeit eintritt. Und wenn du schon mal in einem Casino warst, hast du viele Menschen gesehen, die dort ihr letztes Hab und Gut verspielen und fest daran glauben, dass sie trotzdem zu den wenigen Glücklichen gehören, die das Casino mit einer Tasche voll Geld verlassen werden.

Arbeitnehmer machen sich jahrelang vor, im richtigen Job zu sein, bis sie eines Tages hochkant rausfliegen, damit das Unternehmen noch ein bisschen rentabler wird. Auch sie hätten früher merken können, wo sie arbeiten, weil es schon einigen Kollegen vor ihnen so gegangen ist. Anstatt sich zu solidarisieren, haben sie sich aber zum Selbstschutz vorgemacht, dass das sicher an den Kollegen lag. Dass die nicht ganz so gut gearbeitet haben wie sie selbst und ihnen daher niemals dasselbe passieren könnte. Pech gehabt.

Auch Süchtige sind Weltmeister darin, sich ihre Welt rosa zu malen. Selten sehen sie die Konsequenzen ihres Verhaltens so klar, wie sie es sind. Das ist der Grund, warum viele den Punkt verpassen, an dem sie das Rad noch zurückdrehen könnten.

Und dann gibt es noch diejenigen Menschen, die Zeichen einer körperlichen Schwäche oder Krankheit lange übersehen. Obwohl etwas im Körper schon richtig Ärger macht oder wehtut, handeln sie nicht.

Die Liste lässt sich schier unendlich fortsetzen. Verdrängung ist unser tägliches Schutzschild gegen die Brutalitäten des Lebens, die wir nicht sehen wollen.

Wenn Verdrängung nicht mehr funktioniert, versucht manch einer, sich anbahnende Krisen mit Gewalt zu verhindern: Man spürt dann, dass man die Kontrolle verliert oder die Dinge sich nicht wie gewollt entwickeln, und versucht sie daraufhin zu erzwingen – durch Drohungen, Druck, Erpressung (auch moralische) oder körperliche Gewalt. In den schlimmsten Fällen hören oder lesen wir davon als »Familientragödie« in den Medien.

Es liegt auf der Hand, dass weder Verdrängung noch Gewalt langfristig erfolgreich sind. Früher oder später kommt die Wahrheit ans Licht, das Kartenhaus fällt in sich zusammen und es ist nichts mehr da, was man kontrollieren könnte. Je später das passiert, umso schmerzhafter und weitreichender ist auch die Krise. Manchmal ist sie definitiv.

### Wie lange dauert das dann?

Der Moment der Entscheidung, in dem das Leben eine neue Richtung nimmt und das Alte verloren ist, dauert manchmal nur wenige Momente – zum Beispiel wenn man mit einer gravierenden medizinischen Diagnose konfrontiert wird, mit einem Todesfall oder mit der Nachricht, dass der Partner oder die Partnerin einen verlässt. Trotzdem erleben ganz viele Menschen eine Krise als lang. Das liegt daran, dass sich die Dinge vorher oft schon eine Weile zuspitzen. Es kann im Vorfeld viele Versuche geben, eine Krise zu verhindern. Auch wenn sie sich im Nachhinein als erfolglos herausstellen, wird diese Zeit häufig bereits als heftig belastend erlebt. Der Druck steigt und damit auch die Not und die Angst, weshalb die Versuche, den ultimativen Arschtritt abzuwenden, immer verzweifelter werden.

Wenn die Krise, also der Punkt, an dem alles kippt, aber irgendwann da ist, geht es ganz schnell. Es ist ein kurzer Moment. Dann ist klar: Das Leben nimmt jetzt eine andere, eine ganz neue Richtung. Kein Weg führt mehr zurück. Und das ist gut so.

# KRISE IST NICHT GLEICH KRISE – ODER DOCH?

Gehen wir jetzt den Arschtritten des Lebens noch ein klein wenig auf den Grund, bevor wir uns ihre Psychologie genauer anschauen, in der so viel Leid, aber eben auch unfassbares Potenzial liegt. Es gibt nämlich verschiedene Arten von Krisen, die uns ganz unterschiedlich fordern. Manchmal prallen auch mehrere aufeinander. Das ist ganz besonders unangenehm. Alle haben jedoch gemeinsam, dass sie uns zu Veränderungen zwingen, die wir nicht unbedingt wollen und unter anderen Umständen niemals angegangen wären. Sie holen uns aus unseren Komfortzonen heraus und zwingen uns, unsere Identität zu überarbeiten.

## WACHSTUMS- UND IDENTITÄTSKRISEN

Diese Krisen kommen meistens von innen heraus – wenn wir sie denn zulassen und nicht verdrängen.

In eine Wachstumskrise geraten wir immer dann, wenn wir in einen neuen Lebensabschnitt kommen, der uns eine völlig ungewohnte Rolle schenkt – oder uns eine Rolle wegnimmt, die bisher ein wichtiger Teil unseres Lebens war. Damit verändert sich nämlich auch unsere Identität. Wenn zum Beispiel ein Kind zum Jugendlichen heranwächst, bezeichnen wir die damit verbundene Krise in der Regel als Identitätskrise. Sie verläuft in verschiedenen Phasen, während derer der junge Mensch mehr und mehr definiert, was für ein Erwachsener er sein möchte. Diese Entwicklung trifft an vielen Stellen auf Widerstand, sodass Abgrenzung nötig ist. In vielen Fällen müssen auch Misserfolge eingesteckt und unangenehme Erfahrungen gemacht werden, die immer wieder zu notwendigen Anpassungen führen oder erfordern, dass der junge Mensch sich »streckt« und entwickelt. Landläufig nennen wir diese Krise »Pubertät« und allein schon dieses Wort zaubert manchen Eltern Pickel ins Gesicht und bewirkt heftige Schweißausbrüche.

Auch der Übergang aus der finanziellen Abhängigkeit in die Selbstständigkeit, in der Regel nach Abschluss der Ausbildung, kann in eine Krise führen, obwohl das ja für die meisten eine Veränderung ist, die sie sich gewünscht haben. Endlich nicht mehr Mama fragen, wenn man neue Schuhe braucht! Was wir aber vorher kaum auf dem Schirm haben, ist, dass sich dadurch nicht nur die Beziehung zu den Eltern verändert, sondern oft auch die Freundeskreise. Häufig spürt man dann: Die Leute, mit denen ich bisher zusammen war, passen nicht mehr zu mir, wie ich jetzt werde.

Vielleicht geht sogar eine Liebesbeziehung auseinander, weil der erste Job in einer anderen Stadt ist, vielleicht tun sich die Eltern schwer mit dem Loslassen und manchmal ist das mit der Selbstständigkeit gar nicht so einfach, wie man sich das vorgestellt hat. Dass abends lauter nette Leute da sind und einem keiner reinredet, ja, das war geplant. Dass am nächsten Morgen aber die Duschwand kaputt ist, weil irgendjemand besoffen dagegengefallen ist und man jetzt ganz alleine mit dem Vermieter klären muss, wie der Schaden in Ordnung gebracht wird, war nicht Teil des Plans.

Später kann ein Wechsel im Job zu einer Krise führen, besonders wenn zum früheren Arbeitgeber eine hohe Loyalität bestand oder der Jobwechsel mit einer neuen Funktion einhergeht. Wieder geht es dann darum, in eine neue Rolle hineinzuwachsen, die noch nicht da ist, noch nicht erprobt wurde, in der man scheitern kann und für die man noch viel lernen muss.

Wenn ein Kind auf die Welt kommt und man plötzlich nicht mehr Chiara und Sebastian ist, sondern Mama und Papa, kann das das Leben komplett auf den Kopf stellen und die Paarbeziehung gleich dazu. Bleibt einer von beiden (erst einmal) zu Hause, nachdem er sich vorher viele Jahre mit seinem Beruf heimisch gefühlt hat, sind die Auswirkungen häufig besonders einschneidend – gerade weil von außen erwartet wird, dass er sofort überglücklich in der neuen Rolle als Mama oder Papa aufgeht. Das kann in die heftigste Verzweiflung treiben. Nichts ist schlimmer, als wenn man die eigene Identität aufgeben muss. Das tut weh, aber jeder erwartet, dass man überglücklich ist und das auch bei jeder Gelegenheit zeigt.

Wenn Kinder das Haus verlassen, Menschen in Rente gehen, ein wichtiges Ehrenamt übernehmen oder abgeben oder eine Ehrung erhalten und plötzlich in der Öffentlichkeit stehen, wenn sie noch einmal von vorne anfangen, wenn sie sich als nicht konform outen oder wenn sie wegen ihrer Meinung, Herkunft oder sexuellen Orientierung Gegenwind oder Zuspruch erhalten, ist die Identität gefordert, sich an die neue Realität anzupassen. Je weniger sich ein Mensch innerlich auf eine solche Veränderung eingestellt hat, umso heftiger ist die Krise.

## Was versteht man überhaupt unter Identität?

Die Identität ist das, was wir sind, oder? So würden jedenfalls die meisten Leute die Identität definieren, wenn sie sie nicht auf das beschränken, was im Pass steht. Aber jeder Mensch hat eine eigene Identität, die ihn irgendwie unverwechselbar macht. So viel scheint sicher. Außerdem denken wir, dass unsere Identität konstant ist. Das drücken wir häufig durch Formulierungen aus wie: »So bin ich halt.« Hast du das auch schon einmal gesagt?

In der Nähe von Penzberg arbeitet und lehrt Wolf Büntig. Er ist Psychotherapeut und ziemlich weise und er hat eine ganz andere Definition von Identität. Er sagt: Die Identität ist nicht das, was du bist, sondern das, wofür du dich hältst.

Bevor du weiterliest, lass dir den Satz bitte auf der Zunge zergehen. Die Identität ist nicht das, was du bist, sondern das, wofür du dich hältst.

Sogar ich habe erst einmal schlucken müssen, als mir Wolf das zum ersten Mal gesagt hat. Da hatte ich schon einige Jahre psychologischer Arbeit hinter mit und hielt mich für ziemlich schlau. Mit Wolfs Definition war ich ganz spontan überhaupt nicht einverstanden. Denn die bedeutet, dass es den Menschen, der so ist, wie ich es bin, eigentlich gar nicht gibt. Sondern nur den, für den ich mich halte, der aber eigentlich eine Illusion ist. Eine Vorstellung. Jemand, der ich glaube zu sein oder der ich sein will. Mit der Realität hat das nicht unbedingt viel zu tun. Die Person, für die ich mich halte, kann durchaus etwas mit mir zu tun haben. Muss sie aber nicht. Und in der Regel bildet sie nur einen Teil des Potenzials ab, das in mir steckt. Der Rest ist unerkannt und gerade wegen meiner Identität bleibt er es auch oft. Wenn ich zum Beispiel überzeugt bin, dass ich von Natur aus stark bin, und das für einen Teil meiner Identität halte, werde ich in mir nichts zulassen, was dieser Auffassung widerspricht – egal, wie wichtig es für mich wäre, wie tief es in mir verankert ist oder wie reich es mich machen würde.

Es kommt aber noch schlimmer: Wenn die Identität eine Illusion ist, müsste man doch denken, dass ein Mensch sehr dankbar wäre, wenn ihn jemand darauf hinweist. Behauptet er zum Beispiel, dass er immer ehrlich ist (Hand aufs Herz: Ist das auch Teil deiner Identität?), und ihn daraufhin jemand freundlich darauf hinweist, dass er gerade beim Zuspätkommen eine Ausrede benutzt habe, die gar nicht stimmen kann, und es den Stau, den er vorschiebe, gar nicht gab, wird dieser Mensch dann sagen: »Oh, danke, dass du mir die Augen geöffnet hast. Ich bin ja gar nicht immer ehrlich. Das habe ich noch gar nicht gemerkt. Ich habe etwas über mich gelernt, super.« Nicht sehr wahrscheinlich! Eher wird er der Lüge eine weitere hinzufügen: »Klar war da ein Stau, der kam halt nicht im Verkehrsfunk. Er war nicht lang, dafür aber sehr zäh, es ging überhaupt nicht vom Fleck.« Oder er wird irgendeine blöde Bemerkung machen, vielleicht vom Thema ablenken. Aber niemals würde er seine Überzeugung hinterfragen, immer ehrlich zu sein. Die Identität kann also so falsch sein, wie sie will: Wir neigen dazu, sie mit Zähnen und Klauen zu verteidigen. Sie gibt uns Sicherheit, weil wir etwas haben, woran wir uns halten können. Dass dieses Bild nur aus Sand gebaut ist, spielt dabei keine Rolle.

Gerade in Krisen passiert es besonders oft, dass die Überzeugungen, aus denen die Identität besteht, überhaupt nicht mehr zusammenhalten. Haben wir bisher vielleicht nur manchmal eine »Notlüge« benutzt, die wir uns selbst schönreden können, lügen wir jetzt richtig. Das Geschäft steht vor der Insolvenz, aber einem potenziellen Auftraggeber gegenüber behauptet man steif und fest, die Geschäfte liefen super. Der Geliebte hat den Ehemann angerufen, weil er selbst wissen will, ob die versprochene Trennung vollzogen sei, und der Ehemann fällt aus allen Wolken, weil er von der ganzen Geschichte gar nichts weiß. Wie wahrscheinlich ist es, dass wir in dieser Situation die Wahrheit sagen? Hm? Du denkst, du würdest das machen? Oder dass du es erst gar nicht so weit kommen gelassen hättest? Das mag schon sein. Auf der anderen Seite ist es leicht, den ersten Stein zu werfen, wenn man gerade nicht selbst in der Bredouille steckt. Ich kenne wenige Leute, die nicht irgendwo eine Leiche im Keller haben. Das muss keine Affäre sein. Aber auch die gibt es. Und fliegt sie einem um die Ohren, dann ist nicht nur die Partnerschaft in Gefahr, manchmal auch das Haus und das Bankkonto, vom Seelenfrieden ganz zu schweigen, sondern eben auch die Identität.

Jeder Mensch ist in Extremsituationen in der Lage, Dinge zu tun, die er kurz vorher noch scharf verurteilt hätte – und vielleicht nach außen hin immer noch verurteilt. Da macht niemand eine Ausnahme. Ganz im Gegenteil. Wer von sich überzeugt ist, auf keinen Fall und unter keinen Umständen korrumpierbar zu sein, sollte sich besonders hüten. Gerade wer eine sehr starre Identität sein Eigen nennt, ist besonders anfällig für Selbstbetrug. Wer sich für einen besonders heldenhaften Wohltäter hält, merkt nicht, wenn er mit seiner Hilfe anderen schadet, anstatt ihnen zu helfen. Wer sich für besonders altruistisch hält und das auch zeigt und lebt, ist meistens in Wirklichkeit ziemlich egoistisch. Mindestens braucht er es, dass man ihn für einen besonders großherzigen Menschen hält. Das stärkt sein Ego. Das ist Egoismus durch die Hintertür.

## Je starrer die Identität, umso gravierender die Krise

Je mehr deine Identität an äußeren und unverrückbaren Merkmalen hängt, umso mehr gerät sie in Krisen in Gefahr. Denn wenn du einen Teil deiner Identität verlierst, also das, wofür du dich gehalten hast, musst du dich neu finden und erfinden. Wer bist du, wenn nicht das, wofür du dich bisher gehalten hast?

Wer nicht gerade in einer Krise steckt, findet das vermutlich, ganz theoretisch betrachtet, fantastisch. Man kann sich selbst neu erfinden und zu einem neuen Menschen werden. Das ist doch super.

Ganz praktisch aber bedeutet der Verlust der Identität oder eines Teils davon einen heftigen Bruch, der mit Schmerzen, Angst und häufig auch starker Gegenwehr einhergeht. Es fühlt sich an wie das Ende und in einer gewissen Hinsicht ist es das ja auch. Es fühlt sich an wie Sterben und es macht genauso viel Angst. Berechtigterweise, denn wenn die Identität zusammenbricht, ist der Mensch, für den man sich gehalten hat, erst einmal nicht mehr da. Und wer man eigentlich ist, weiß man noch nicht. Das zieht sich durch alle Krisen, die diesen Namen wirklich verdienen. Eine Krise killt die alte Identität, zumindest zu einem großen Teil.

Genau darin liegt natürlich auch ihr großes Potenzial. Nur wo sich etwas Altes auflöst, ist schließlich Raum für etwas Neues. Anders gesagt: Ein heftiger Arschtritt befördert die Identität ins Nirvana. Man kann nicht gleichzeitig der Mensch sein, der immer stark ist und sich damit identifiziert, und sich gleichzeitig schwach fühlen. Das macht innerlich große Probleme. Wenn man es aber nicht mehr schafft, die Schwäche wegzulachen, kann man nicht anders als loslassen, selbst wenn es mit viel Gegenwehr passiert. Dabei muss man dann das gesamte Selbstbild verändern. Das schmerzt. Und öffnet gleichzeitig eine einzigartige Chance zu schnellem innerem Wachstum. Vielleicht hält das Leben auch deshalb so viele Krisen für uns bereit.

## EXISTENZIELLE KRISEN

Existenzielle Krisen treffen uns völlig unerwartet und stellen nicht nur unsere Identität infrage, sondern die gesamte Existenz. Das ist zum Beispiel dann der Fall, wenn eine lebensbedrohliche Krankheit diagnostiziert wird. Der Moment der Diagnose ist der Augenblick, ab dem alles anders ist als vorher. Das schlechte Wetter, das einen gerade noch aufgeregt hat, ist plötzlich wunderschön, der Regen duftet erfrischend und alles sieht wie frisch geduscht aus. Dabei ist es relativ egal, um was für eine Diagnose es sich handelt. Krebs, ein Herzinfarkt, ein Schlaganfall oder eine degenerative Krankheit wie Multiple Sklerose machen auf einen Schlag klar: Dein Leben ist endlich und es kann jeden Moment vorbei sein. Ab jetzt ist jede Minute besonders. Nicht wenige Menschen sagen wohl auch deshalb, dass ihnen mit der Diagnose ein zweites Leben geschenkt wurde. Das sagen sie aber erst, wenn eine Weile vergangen ist. Denn im Moment der Diagnose sind wir zwar plötzlich hellwach und ganz lebendig – fühlen uns aber auch absolut jämmerlich.

Auch wenn Menschen einen sicheren Arbeitsplatz verlieren und ganz unerwartet in die Situation kommen, die Raten für ihr Haus nicht mehr bezahlen zu können, kann das eine existenzielle Krise bedeuten. Die wirtschaftliche Lebensgrundlage ist in Gefahr. Gefühlt stehen wir in so einem Moment vor dem Nichts und können alles verlieren. Die Kontrolle ist weg.

Eine politische Umwälzung kann ebenfalls die Grundlage des bisherigen Lebens zerstören. Während die Wiedervereinigung Deutschlands für die meisten Menschen ein großes Fest war, haben sie andere als existenzielle Krise erlebt – besonders Menschen aus dem Osten, von denen damals viele mit der Freiheit ihre berufliche Basis, ihr Ansehen und ihre Perspektiven verloren haben. Sie mussten sich noch einmal komplett neu orientieren, was nicht allen gut gelungen ist.

Natürlich kann auch eine Trennung in eine existenzielle Krise führen. Je stärker sich jemand am Partner oder der Partnerin orientiert oder sich sogar über ihn oder sie identifiziert, umso heftiger zieht die Trennung ihm den Boden unter den Füßen weg. Sagt also jemand zum Partner: »Ohne dich bin ich nichts«, dann gibt das einen Hinweis auf die Schwierigkeiten, die eine Trennung bedeuten kann. Übrigens auch der Verlust des anderen durch einen Herzinfarkt.

Ein schwerer Unfall, eine schwere Verletzung oder das Erleben einer Naturkatastrophe hat ähnliche Wirkungen – und natürlich ein schwerer Verlust, wie der eines jung verstorbenen Kindes oder eines anderen Menschen, der abrupt und unerwartet aus dem Leben gerissen wird. Die eigene Endlichkeit wird uns bewusst. Denn wir machen uns ja nicht immer klar, dass es eigentlich jeden jederzeit treffen kann. Stattdessen leben wir in der Illusion, eines Tages die statistische Lebenserwartung zu erreichen und dann friedlich im Bett einzuschlafen.

Existenzielle Krisen lösen massive Angst aus und führen manchmal zu sehr heftigen Reaktionen – bis hin zum Suizidversuch. Je größer das subjektive Gefühl der Hilflosigkeit oder Bedrohung ist, umso radikaler kann die Reaktion ausfallen. Gerade in diesen Krisen ist es daher besonders wichtig, so schnell wie möglich für gute innere Stabilität zu sorgen und sich seelisch wieder zu fangen, auch wenn man im ersten Moment überzeugt ist, dass alles vorbei ist und das Leben nie wieder gut wird.

# BILANZKRISEN

Als wären Identitäts- und Existenzkrisen nicht genug, kommt im Lauf des Lebens noch die ein oder andere Bilanzkrise dazu und inmitten eines geordneten Lebens machen sich unangenehme Gedanken breit: Ist das Leben, das ich habe, wirklich dasjenige, das ich will? Bin ich am richtigen Platz? Bin ich der Mensch, der ich eigentlich sein will? Ist mein Leben sinnvoll?

Die bekannteste Bilanzkrise ist die berüchtigte Midlife-Crisis. Falls du gerade drinsteckst, herzliches Beileid. Sie befällt Menschen in der Regel um die Lebensmitte, wenn schon viele Ziele erreicht sind. Menschen, die alles erreicht haben, was sie wollten, sind sogar besonders anfällig für die Midlife-Crisis. Manchmal wird sie ausgelöst durch den Tod eines Gleichaltrigen im Freundeskreis oder eines ehemaligen Schulkameraden. Bei Frauen läutet manchmal der Beginn der Wechseljahre die Midlife-Crisis ein oder der Auszug der Kinder. Bei Männern können es Potenzprobleme sein oder die Erfahrung, plötzlich nicht mehr so attraktiv zu sein, vielleicht auch die Tatsache, dass der neue Vorgesetzte zehn Jahre jünger ist als man selbst. Die neue Praktikantin flirtet jetzt mit ihm.

Oft ist es einfach auch ein runder Geburtstag, also eigentlich nichts Dramatisches, bei dem klar wird: Ich habe nicht mehr ewig Zeit. Mein ganz persönliches Leben ist endlich. Irgendwann ist es vorbei und dieses Irgendwann kann sogar ziemlich bald sein. Das wissen wir natürlich alle, aber es ist eben meistens nur ein theoretisches Wissen. In der Midlife-Crisis wird es spürbar. Jetzt tut es plötzlich weh und macht Angst. Wenn wir uns darauf einlassen, wird glasklar: Entweder leben wir das Leben, das wir wirklich wollen, oder es ist zu spät dafür.

Uns wird bewusst, dass wir älter werden und wir uns von der Illusion verabschieden müssen, dass immer noch alles möglich ist, wenn wir es nur wollen. Die Gelegenheiten, die Weichen neu zu stellen, werden weniger. Wir können, wenn überhaupt, vielleicht nur noch ein einziges Mal neu anfangen. Die Illusion, alles im Leben erreichen zu können, dass es keine persönlichen Grenzen gibt, dass alles möglich ist, wenn man es nur wirklich will, zerfällt. Das ist ein schöner Wunschtraum, aber die Realität ist anders und weitaus brutaler.

Wer diese Bilanzkrise ernst nimmt und sie nicht mit einer Schönheits-OP, einem jugendlichen Lover oder einer blutjungen Freundin um ein paar Jahre nach hinten zu verschieben versucht, ändert sein Leben manchmal noch einmal sehr nachhaltig. Er wechselt vielleicht den Beruf, zieht um, befreundet sich anders und neu, engagiert sich politisch, sozial, künstlerisch oder spirituell. Manche Menschen wachsen auch innerlich, ohne dass dies auf den ersten Blick auffällt, ihnen nicht und auch nicht anderen: Interessen verändern sich genauso wie das Konsumverhalten, der Fernseher wird ab- und Wanderschuhe oder ein Meditationskissen angeschafft … Die Bilanzkrise fordert dich auf, dich nicht mehr mit Belanglosigkeiten aufzuhalten, sondern dich auf das Wesentliche zu konzentrieren.

## DARUM GEHT ES BEI DER BILANZKRISE

Die zentrale Frage in den Bilanzkrisen ist die nach dem Sinn des Lebens. Habe ich wirklich wichtige Ziele erreicht oder ist das, was ich bisher wollte, vielleicht gar nicht so wichtig? Gibt es andere, wichtigere Dinge, um die ich mich schleunigst kümmern sollte, anstatt mein Leben mit Belanglosigkeiten zu verschwenden?

# DIE PSYCHOLOGIE DES ARSCHTRITTS

In der Regel verbinden wir die Vorstellung einer Krise mit äußeren Umständen. Es ist naheliegend, dass äußere Umbrüche oder Verluste auch unsere Identität herausfordern. Nichtsdestotrotz erleben manche Menschen gravierende äußere Veränderungen nicht als Krise, sondern begreifen sie sofort als Chance und nutzen sie. Eine heftige Veränderung muss also nicht unbedingt negativ sein. Sie kann uns auch Starthilfe geben. Was also macht den Unterschied zwischen Starthilfe und schmerzhaftem Tritt in den Hintern? Dazu möchte ich dir von Stefan und Mario erzählen. Beide haben ihren Job verloren, und das auf nicht gerade faire oder angenehme Weise: Sie sind gefeuert worden.

Stefan hat in leitender Funktion bei einem Mittelständler gearbeitet. Der Job war seine Passion, als Technikfreak konnte er sich in der Entwicklung austoben. Er hatte ein Team von fünf Ingenieuren unter sich und war zufrieden und erfolgreich – auch dann noch, als das Unternehmen in Schieflage geriet, weil innerhalb von ein paar Monaten der Markt einbrach. Stefan war wie die meisten im Unternehmen bereit, die Ärmel hochzukrempeln und den Karren aus dem Dreck zu ziehen.

Leider war das nicht so leicht wie vermutet. Das Unternehmen konnte einen Kredit nicht bedienen, die Banken stellten sich quer und neue Investoren machten sich in der Krise rar. Obwohl die Absätze besser wurden, rutschte das Unternehmen in die Sanierung. Erst einmal nicht schlimm, dachte Stefan, bis er den neuen Geschäftsführer kennenlernte, der im Auftrag der Hausbank dazugekommen war. Schnell stellte sich heraus, dass der eine ganz eigene Sicht auf die Probleme des Unternehmens mitbrachte: zu hohe Personalkosten, die Prozesse nicht schlank genug. Plötzlich hatten viele Mitarbeiter Angst um ihre Jobs. Zu Recht, denn schon nach wenigen Wochen wurden Zeitarbeitsverträge nicht mehr verlängert, auf den verbliebenen Mitarbeitern lastete mehr Arbeit und Verantwortung. Überstunden wurden meist klaglos geleistet. Niemand wollte der Nächste sein, der durch Proteste zu sehr auf sich aufmerksam machte. Und als eines Tages Stefan vor der Geschäftsführung stand und man ihm mitteilte, dass sein Team um eine Person reduziert werden müsse, war er geschockt. Alle Mitarbeiter waren ausgelastet, schnelleres Arbeiten schien ihm unmöglich, ohne dass Fehler passierten. Doch dem Boss war das egal. Stefan sollte einen Vorschlag unterbreiten, von wem man sich trennen wollte – immerhin würde man ihn in die Entscheidung einbeziehen, das solle er doch wertschätzen. Nächster Termin in einer Woche.

Stefan schlief schlecht. Und er fasste einen mutigen Beschluss. Er wollte für seine Leute kämpfen. Und genau das tat er. Zu seinem eigenen Schaden. Nur vier Wochen später erhielt er die Kündigung und sollte seinen Schreibtisch räumen. Einer seiner ehemaligen Mitarbeiter wurde noch am selben Tag zu seinem Nachfolger bestimmt.

Stefan rutschte durch diese Erfahrung in eine heftige Krise. Er wurde krank, zog sich zurück, war verzweifelt. Vor allem der Verrat durch seinen Mitarbeiter, der offenbar auf dem Laufenden gewesen war und ihn nicht gewarnt hatte, traf ihn bis ins Mark. Er ging durch einige Täler, bis er sich neu ausrichten konnte. Heute ist er selbst Chef in einem kleinen Unternehmen. Er hat seine Abfindung für die Gründung und die Krise für seine Persönlichkeitsentwicklung genutzt. Offenheit und Vertrauen sind seine Leitwerte, seine Mitarbeiter denken an den Unternehmenszielen mit und haben viel Eigenverantwortung.

Mario hatte ebenfalls eine Führungsposition inne, leitete einen Unternehmensbereich in einer sozialen GmbH. Der neue Vorstand mochte ihn nicht und es entsponnen sich bald erste

Konflikte im Hinblick auf die Leitung seines Bereichs. Auch Mario wurde ohne triftigen Grund herausgeworfen. Allerdings kam er damit bestens zurecht. Er hatte seit dem Wechsel an der Spitze, was seine Arbeit betraf, nur noch wenig Motivation verspürt und dabei gemerkt, dass er sich schon seit Längerem nicht mehr wirklich weiterentwickeln konnte. Den Rausschmiss empfand er als Glück, denn ihm war klar: Früher oder später wäre er eh gegangen. Jetzt wurde ihm die Veränderung sogar durch die Abfindung vergoldet, was ihm Zeit gab, eine lange Reise zu machen, auf der er sich finden und neue Entscheidungen treffen wollte. Die kamen nach und nach an einem Strand in Mexiko. Inzwischen arbeitet Mario wieder in einem sozialen Unternehmen, aber er hat nun eine Querschnittsaufgabe, die ihn mehr fordert und zufriedener macht.

Eine äußere Krise bewirkt also nicht zwangsläufig auch eine innere. Mario hat den Rausschmiss als Starthilfe erlebt, Stefan als Arschtritt. Während Mario den Tag seiner Kündigung feierte, brach für Stefan die Welt zusammen. Vor allem eine seiner inneren Überzeugungen war zusammengebrochen: Wenn ich Menschen gut behandle, werden sie auch gut mit mir umgehen. Das Verhalten seines Mitarbeiters, der seinen Job kriegen wollte, hatte diese Überzeugung und damit Stefans komplettes Weltbild zum Einsturz gebracht. Von so etwas muss man sich erholen. Das geht nicht so leicht.

Dabei ist Mario nicht grundsätzlich stärker als Stefan. Der Rausschmiss hat Stefan lediglich an einer ganz empfindlichen und ziemlich starren Stelle erwischt. Er hatte sich eingeredet, andere durch sein Verhalten beeinflussen zu können und damit eine gewisse Sicherheit und Kontrolle zu haben. Die Realität hat ihn eines Besseren belehrt. Es ist gut möglich, dass es Mario in einer anderen Situation die Füße weggezogen hätte, die Stefan cool weggesteckt hätte. Niemand ist vor Krisen gefeit und wir wissen selten vorher, wo es uns erwischen wird. Wüssten wir es, würde es uns schon nicht mehr erwischen.

Krisen hauen uns da um, wo wir uns bisher etwas vorgemacht haben. Da, wo wir plötzlich aufwachen und einer Wahrheit ins Gesicht schauen, die wir uns nie gewünscht haben. Da, wo wir etwas verlieren, das uns besonders am Herzen liegt, und wo es am meisten schmerzt.

## WAS BEI EINEM ARSCHTRITT IN DER SEELE PASSIERT

Krisen sind psychologische Phänomene: Sie stellen uns innerlich vor gewaltige Herausforderungen, die wir als bedrohlich erleben, weil sie einen Teil unserer Existenz zerstören, und sei es »nur« die gefühlte. Manchmal begleiten sie auch Situationen, in denen unsere biologische, also die körperliche Existenz gefährdet ist.

Durch Krisen werden alle unsere inneren Notfallmechanismen gezündet. Das Nervensystem unterscheidet nicht zwischen einer Situation, die wirklich lebensbedrohlich ist, zum Beispiel im Angesicht eines Raubtiers, und einer, die sich nur so anfühlt, wie ein ernstes Gespräch mit dem Chef. Je akuter die Gefahr erscheint, umso instinktgesteuerter reagieren wir.

Die Ärztin Dr. Vera Hupe, beschreibt in einem Artikel, dass dies mit dem Aufbau des Nervensystems einschließlich des Gehirns zu tun hat: Verschiedene und voneinander getrennt aktivierbare Untersysteme des vegetativen, also des nicht willentlich steuerbaren Nervensystems führen dazu, dass wir unterschiedlich auf Gefahren reagieren. In der Regel reagiert bei unmittelbarer Gefahr der Sympathikus, der dem Organismus ermöglicht, zu kämpfen oder zu fliehen. In beiden Fällen ist das begleitende Gefühl Angst.

Der Sympathikus ist beispielsweise dann aktiv, wenn wir beim Wandern in den Bergen instinktiv einem herabfallenden Stein ausweichen, noch bevor wir überhaupt verstanden haben, was gerade passiert. Die Reaktion geschieht reflexartig und sie endet, sobald die Gefahr vorbei ist.

Meistens bleiben wir danach noch eine Weile wachsam, der Sympathikus ist also weiterhin in Alarmbereitschaft. Gleichzeitig aber kommt der vordere Vagusnerv ins Spiel. Er ermöglicht es uns, wieder klar zu denken und, wie in unserem Beispiel, aufmerksam zu prüfen, ob damit zu rechnen ist, dass noch mehr Steine herabfallen – oder ob die Lage wieder sicher ist.

Viele Krisen dauern länger als die paar Sekunden, in denen der Stein fällt. Dementsprechend verspüren wir über längere Zeit Angst und reagieren reflexartig. Das rationale Urteilsvermögen bleibt blockiert, wir können komplexe Zusammenhänge nicht mehr gut verstehen. Häufig entwickeln sich Aggressionen, die Nerven liegen blank.

Wenn wir uns orientierungslos fühlen und es kommt jemand, der sagt: »Ich weiß, wo es langgeht«, ist die Verlockung immens groß, dieser Person ohne genauere Prüfung zu folgen. Verspricht uns jemand Sicherheit, sind wir in heftigen Krisen viel schneller als sonst bereit, Vertrauen zu schenken. Das liegt an dem starken Wunsch, aus der Angst und Hilflosigkeit herauszukommen. Zu glauben, dass jemand den Weg zur Sicherheit kennt, ist derart verführerisch, dass in Krisen auch an sich vernünftige Menschen Versprechungen glauben, die sie sonst niemals überzeugt hätten. Sie vertrauen sich dann mitunter Menschen an, denen sie sonst nur mit großer Skepsis begegnet wären. In starker Angst wird das vernünftige Denken eben unterdrückt. Genau das machen sich manipulative Menschen, Sekten und totalitäre Systeme zunutze.

Verbleiben wir über lange Zeit im Zustand der Angst und entsteht der Eindruck, dass sich kein Ausweg aus der Gefahr finden lässt, kann ein noch tieferer Mechanismus greifen: der Totstellreflex, passives Überleben im Energiesparmodus. Er wird durch den hinteren Teil des Vagusnervs ausgelöst. Wer in Anbetracht einer Krise die Rollläden herunterzieht und den Fernseher anmacht, trinkt oder andere Drogen nimmt, um nicht mehr zu fühlen, schaltet gewissermaßen in diesen Modus. Er wird bestimmt vom Gefühl der Ohnmacht, hat den Eindruck, dass er sowieso nichts machen kann, ist antriebslos und hat das Interesse an allem verloren, was ringsherum passiert.

Besonders Frauen nutzen außerdem manchmal noch einen weiteren Mechanismus: Sie kümmern sich aktiv um die Schutzbedürftigen in ihrem Umfeld.

Sarah ist alleinerziehend, seit ihr Mann Tobias vor zwei Jahren bei einem Autounfall ums Leben kam. Für die ganze Familie war das ein Schock. Seine und Sarahs Kinder waren fünf, zwei und fast ein Jahr alt. Tobias' Einkommen hatte die Familie ernährt und plötzlich stand Sarah nicht nur ohne finanzielle Sicherung da, sondern auch ohne den Mann, mit dem sie alt werden wollte. Ihre Kinder hatten den Papa verloren. Sarah begann einen Tag nach dem Schock, das Leben für sich und ihre Kinder neu zu organisieren. Sie bat ihre Mutter, ins Haus der Familie zu ziehen, was diese tat, um sie mit den Kindern zu unterstützen. Sie fand innerhalb eines Monats einen Job in ihrem alten Beruf, den sie nach der Geburt des ersten Kindes an den Nagel gehängt hatte. Sie arbeitet nun sechs Stunden am Tag in einer Bank im Marketing. Sie organisierte für die Kinder Hilfe bei der Trauerbewältigung und krempelte die Ärmel hoch.

Zu ihrer eigenen Trauerbewältigung kam sie erst drei Jahre später, als sie einen Zusammenbruch erlebte. Der Kleinste war inzwischen im Kindergarten, alle Kinder hatten sich gefangen, auch wenn natürlich der fehlende Papa immer wieder Thema war und einen wichtigen Platz in den Geschichten der Familie hatte. Sarah fühlte sich auf einmal schwach und traurig und suchte sich therapeutische Unterstützung. Die ganze Zeit über hatte sie dafür gesorgt, dass das Leben für alle weitergehen konnte. Den Verlust hatte sie überhaupt noch nicht verarbeitet. Aber nun konnte sie sich ihrer eigenen Verletzung in Ruhe zuwenden und langsam heilen.

Die Psychologin Shelley Taylor hat zur Jahrtausendwende herausgefunden, dass Frauen auf Gefahr oft anders reagieren als

Männer, und erklärt das so: Wenn ein Stamm angegriffen wird, ist es natürlich wichtig zu kämpfen oder zu fliehen – gleichzeitig gilt es aber auch, die Alten, Schwachen und Kinder in Sicherheit zu bringen, die sonst dem Tod geweiht wären. Ohne sie nämlich hätte die Menschheit gar nicht bis heute überlebt. Kinder sichern das Überleben der Gruppe, die Alten wirken stabilisierend, weil sie mit ihrer Erfahrung und ihrer Zeit wichtige soziale Funktionen übernehmen. Deshalb stabilisieren Frauen in Krisen häufig erst einmal menschliche Verbindungen, was dazu führt, dass die Herausforderungen auf mehrere Schultern verteilt werden können. Und sie sorgen dafür, dass die Kleinen und die Alten durch die Krise kommen. Sie sind für andere da, aber sie suchen sich auch Hilfe. Frauen, die sich in schwierigen Situationen zusammenschließen und sich Unterstützung organisieren, überwinden Krisen deshalb oft besser und schneller als Männer. Nur Frauen wie Sarah, die sich selbst beim Retten der anderen vergessen, müssen oft später noch ihre eigene Krisenbewältigung angehen. Männer machen auch heute noch Krisen häufiger mit sich selbst aus – leider nicht zu ihrem Vorteil. Deshalb, liebe Männer unter den Lesern, fasst euch ein Herz, gerade wenn es euch besonders dreckig geht: Ruft eure Jungs an oder die Freunde aus der Schulzeit oder die kleine Schwester und holt euch Trost und Hilfe. In dieser Hinsicht können die meisten von euch von den Frauen lernen.

## WIE INSTINKTE UNSER VERHALTEN BESTIMMEN

Je schlimmer wir eine Gefahrensituation einschätzen, umso mehr werden wir, wie Vera Hupe schreibt, »zum Tier«. Dann greifen alte Mechanismen, das Reptiliengehirn übernimmt die Kontrolle und wir reagieren instinktiv, ohne dabei nachzudenken. Nach einigen Monaten Lockdown ist dir beim Einkaufen vielleicht auch aufgefallen, dass die Stimmung oft eigenartig war und manche Menschen Verhaltensweisen an den Tag legten, die man sonst im Supermarkt nur selten zu sehen bekommt: von Beklemmung bis hin zu offener Aggression. Viele Leute verhalten sich entweder feindselig (Angriff) oder so, als würden sie jederzeit das Schlimmste von ihren Mitmenschen erwarten (Flucht). Während dich die einen anschnauzen, du sollst zur Seite gehen, weil sie ein Päckchen Butter aus der Kühltheke holen möchten und du einen Meter daneben das Haltbarkeitsdatum der Milch checkst, bewegen sich die anderen unsicher, machen einen meterweiten Bogen um dich und springen erschrocken aus dem Weg, wenn du ihnen entgegenkommst.

Beide Reaktionen sind vollkommen übertrieben. Noch nie war es gefährlich, einen Menschen freundlich zu behandeln oder ihm guten Tag zu sagen. In den folgenden Kapiteln wirst du noch detaillierter erfahren, warum menschlicher Kontakt gerade in einer Krise so wichtig ist – noch wichtiger als sonst schon.

### Zusammen geht es immer leichter

Zum Glück machen viele Menschen auch in Krisen das meiste richtig: Sie suchen das Miteinander und unterstützen sich gegenseitig. Genau das nämlich hilft besonders. Wenn du selbst andere freundlich begrüßt, sie anlächelst, hilft das gegen Angst – dir selbst und auch anderen. Studien zeigen sogar, dass Menschen, die auch dann anderen gegenüber freundlich und hilfsbereit sind, wenn es ihnen selbst dreckig geht, ihre eigene Krise besser und schneller überstehen. Diese Menschen erleben trotz allem, was schwer ist, positivere Gefühle und kommen dadurch schneller wieder mit ihren eigenen Kraftquellen in Verbindung. Helfen macht glücklich. Und zu sehen, wie jemand anderes strahlt oder ein Problem gelöst hat, erfüllt nicht nur mit Sinn und Freude, es zeigt auch, dass es möglich ist, aus dem Schlamassel herauszukommen. Es zeigt, dass man Hoffnung wiederfinden kann und dass es auch in den schwierigsten Zeiten Gemeinsamkeit, Nähe und Hilfe gibt. Den ersten Schritt macht man dazu am besten selbst. Die weiteren Schritte ergeben sich dann meist von alleine.

Wer sich dagegen zurückzieht, viel fernsieht und sich darüber hinaus ständig mit dem Problem beschäftigt, befindet sich nach einer Weile in einem tranceähnlichen Zustand, in dem überall Gefahr und Untergang zu lauern scheinen – selbst dort, wo das überhaupt nicht der Fall ist. Umso wichtiger ist es, die Angst, die in jeder Krise auftaucht, schnell zu überwinden. Dazu findest du viele ganz praktische Werkzeuge im dritten Kapitel.

Je ruhiger du innerlich wirst und je mehr Abstand du zu der schwierigen Situation gewinnst, umso besser kannst du deine kognitiven Fähigkeiten nutzen: Der bewusste und sachliche Verstand meldet sich zurück, du kannst wieder bewusst verschiedene Möglichkeiten abwägen und kreative Wendungen und persönliche Stärken entdecken, die weiterhelfen können. Vor allem aber ist die Verbindung zu anderen Menschen wichtig, um im Zusammenspiel neue Perspektiven zu entwickeln und Wege zu finden, die aus der Krise wieder herausführen.

# DIE POWER DES ARSCHTRITTS

Krisen geht es wie den bösen Feen im Märchen: Keiner
will sie und niemand lädt sie freiwillig ein.
Erst hinterher wird einem klar, wozu sie gut und wichtig
waren und warum das Leben durch sie
noch lebendiger wurde.

# NIEMAND WILL EINE KRISE, ABER DAS IST DEM LEBEN EGAL – ZUM GLÜCK!

Krisen lassen sich nur zu einem extrem hohen Preis vermeiden und wer auf keinen Fall in eine hineingeraten möchte, muss sich sein Leben schon extrem sicher einrichten: Er bleibt am besten allein, um nicht enttäuscht oder verlassen zu werden. Er sollte niemanden wirklich lieben, um niemanden zu verlieren, der wichtig ist. Er muss sich einen Job suchen, der niemals verloren gehen kann, am besten optimal abgesichert durch ein Beamtenverhältnis auf Lebenszeit. Ob dieser Job Spaß macht und erfüllend ist, bleibt dabei am Ende nebensächlich. Andere Menschen, die Krisen vermeiden möchten, gehen allen Konflikten aus dem Weg oder flüchten sich in Heimlichkeiten neben dem »offiziellen« und sichtbaren Leben.

Du denkst jetzt vielleicht: Das würde ich nie machen. Aber Hand aufs Herz: Hast du nie einen Traum in die Wiedervorlage gelegt oder nur im Geheimen gelebt, weil er dir irgendwie zu riskant erschien? Noch nie? Nimm dir Zeit, das ehrlich zu überprüfen. Ich weiß, das ist hart. Kann aber dabei helfen, die nächste Krise massiv abzumildern.

Aber natürlich können einem auch die ganz sicheren Lebensentwürfe früher oder später um die Ohren fliegen. Weil jemand auftaucht, der plötzlich etwas Ungeplantes auslöst. Weil man unbewusst etwas tut, was man eigentlich gar nicht wollte und was das Leben aus seiner Lethargie holt. Weil eine Heimlichkeit auffliegt, durch Zufall. Oder weil eine Krankheit einen zwingt, den sicheren Job zu verlassen oder das ganze Leben auf den Prüfstand zu stellen. Es scheint manchmal fast so, als gäbe es eine innere Kraft, die uns regelrecht in eine Krise treibt, wenn wir zu lange in einer satten Komfortzone gelebt haben.

Ich bin überzeugt, dass das gesünder ist. Lieber bis zum Anschlag leben und notfalls auch krachend scheitern, als es gar nicht erst zu probieren. Ein lebendiges und bewusst gelebtes Leben geht zwangsläufig immer wieder durch Krisen hindurch – und fühlt sich trotz aller Katastrophen erfüllter an als ein Leben in Bequemlichkeit.

Vielleicht geht es uns wie der kleinen Raupe, die sich so lange dick und fett frisst, bis sie es kaum mehr in ihrer Haut aushält. Wir wissen nicht, wie sie sich fühlt, wenn sie sich verpuppt, ob sie das wollen würde, wenn sie entscheiden könnte. Wir wissen nicht, ob die Raupe weiß, dass sie schon bald ein bunter Schmetterling sein wird, der sich von dem Blättchen erhebt, das er bis dahin für die ganze Welt gehalten hat, und durch die Lüfte flattert. Vielleicht denkt die Raupe ja auch, das Ende sei gekommen, und wünscht sich nichts sehnlicher zurück, als wieder eine kleine Raupe sein zu können.

Wir Menschen erleben diesen Prozess nicht nur einmal im Leben, sondern immer wieder. Unsere Seele will immer weiterwachsen und sich weiterentwickeln. Die wichtigsten Schritte brauchen Krisen. Und so folgt eine der anderen. Jede bringt einen wichtigen Entwicklungsschritt. Und jedes Mal wussten wir vorher nicht, wo er uns hinbringt. Fast immer wehren wir uns dagegen, weil wir spüren, dass unser bisheriges Leben vorbei ist. Das macht es so schwierig.

## OHNE KRISEN KEINE ENTWICKLUNG

Ohne Krisen bleiben wir in den Komfortzonen, wo innere Schweinehunde und Antreiber regieren, die es selten wirklich gut mit uns meinen. Krisen dagegen setzen Unmengen an Energie frei. Sie sind pure Energie und katapultieren uns aus dem heraus, was sicher und kompromisslos schien. Oft machen sie es also überhaupt erst möglich, dass wir neue Schritte gehen. Krisen ermöglichen Veränderungen, sie befreien gestaute Energie und wecken uns aus dem Dornröschenschlaf.

Damit du das besser einordnen kannst, entdeckst du auf den folgenden Seiten den Krisenzirkel. An ihm siehst du, dass es immer wieder verschiedene Phasen im Leben gibt, die einander brauchen und aufeinander aufbauen. Auch die Phase der Harmonie, nach der wir uns alle sehnen, braucht vorher die Veränderung. Sie ist nie dauerhaft, wie jeder weiß, der schon einmal eine Beziehung hatte.

Schauen wir uns das Ganze einmal genauer an.

## Die Phase der Harmonie

Die Phase, die wir alle lieben, ist die Phase der Harmonie. Hier ist alles rund, alles fühlt sich gut an, hier wollen wir bleiben – für immer. Genau so soll es sein. Hier wollen wir nicht mehr weg.

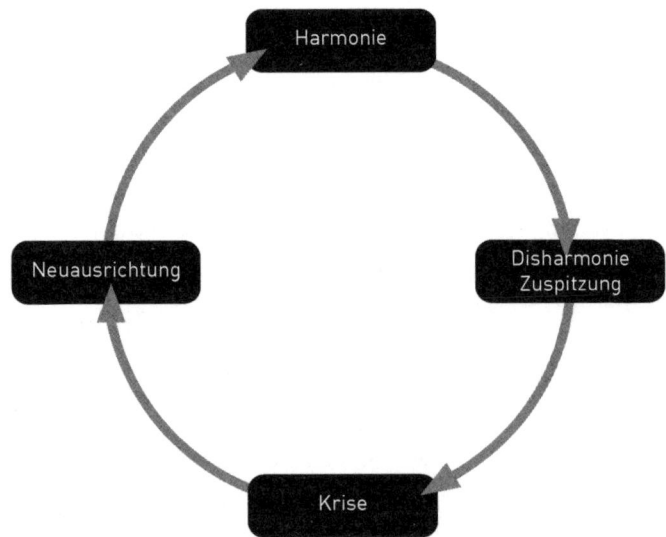

Das Leben ist wie ein Fluss – mal ruhig, mal wild. Doch egal, welche Phase wir durchlaufen: jede bringt uns weiter.

Diese Phase ist diejenige, in der Hollywoodfilme meistens enden. Das Problem ist gelöst, der charmante Bankräuber mit der Beute entkommen, der fiese Mörder gefangen, die Schöne nach vielen Wirrungen erobert. Das Happy End ist da. Alles ist gut. Der Film ist aus. Und zurück bleibt die Sehnsucht, genau das auch zu erleben. Ein Happy End, an dem das ganze Leben endlich gut ist. Wie schön das klingt – und wie verlogen. Kennst du einen einzigen Menschen, der sein ganzes Leben in purer Harmonie verlebt hat? Ich meine wirklich, nicht nur nach außen hin? Ich nicht. Und wenn jemand behauptet, bei ihm sei das so, werde ich schnell misstrauisch.

Tatsächlich gibt es solche Phasen der puren Harmonie auch in der Realität. Wochen oder Monate, in denen wir glücklich durchs Leben schweben und strahlen wie die Sonne. Das können private Entwicklungen sein, die neue Liebe, berufliche Erfolge, die neue Wohnung, in der wir uns endlich zu Hause fühlen, der Job, der endlich das Geld bringt, mit dem wir uns unsere Wünsche erfüllen können, und so weiter. Alles ist dann gut. Das Leben scheint dann rund. Nur ist das Leben eben einfach nicht rund, es ist ruckelig und wenig vorhersehbar.

Keine Frage: Es gibt diese Phasen immer wieder und es gibt viele Gründe, sie sehr zu genießen. Aber sie bleiben nicht für immer. Diese glückselige Phase dauert in der Regel ein paar Monate an, doch irgendwann verändert sich etwas. Nach und nach weichen Harmonie und Zufriedenheit einem anderen Seinszustand. Das ist so sicher wie das Amen in der Kirche.

## Die Phase der Disharmonie, die Zuspitzung

Keine Harmonie ist von Dauer. Die Traumprinzessin stellt sich nach ein paar Monaten bis maximal drei Jahren als ganz »normale« Frau heraus, die ein paar komische Eigenschaften hat und richtig gut verletzen kann. Das Bild vom fantastischen Arbeitgeber bekommt erste Risse, vielleicht ist die direkte Vorgesetzte ganz anders als ihre Vorgängerin und ihr Verhalten passt nicht zu

## DAS PRINZIP DER HOMÖOSTASE

Im Biologieunterricht lernt man, dass ein Frosch, den man in einen Topf mit heißem Wasser wirft, sofort wieder herausspringt. Anders ist es, wenn man ihn in Wasser setzt, das genauso kühl ist wie er selbst. Das findet der Frosch angenehm. Da bleibt er drin – freiwillig. Sogar dann, wenn man das Wasser ganz langsam immer mehr erwärmt. Denn Frösche sind Wechselblüter, die ihre Körpertemperatur der Außentemperatur anpassen. Geschieht das ganz allmählich, fühlt es sich nicht nach einer Veränderung an und wird nicht als Gefahr registriert. Der Frosch bleibt einfach hocken. Dieses Prinzip wird Homöostaseprinzip genannt. Das Ende für den Frosch ist bitter.

den Werten der Firma – jedenfalls nicht so, wie man sie bisher verstanden hat. Das neue Haus hat einen feuchten Keller, aber die Handwerker sind uneinsichtig. Das Geld aus dem neuen Job wird zwar überwiesen, aber so viel wie erwartet ist am Monatsende doch nicht übrig. Der Sport macht nicht mehr so viel Spaß oder eine hartnäckige Zerrung führt dazu, dass man pausieren muss. Die Kinder, die mal so klein und süß waren, haben plötzlich komische Freunde und tun Dinge, die so nicht vorgesehen waren. Womöglich tun sie sogar genau das Gegenteil von dem, was ihre Eltern geplant hatten. Egal, was im Leben perfekt scheint: Früher oder später fängt alles an zu bröckeln.

Meistens geschehen diese ersten Veränderungen unbemerkt. Sie sind klein, tun nicht wirklich weh, man gewöhnt sich schnell an sie. Deshalb merkt man zwar, dass das Leben sich nicht mehr so strahlend anfühlt, ist aber noch nicht ausreichend alarmiert, um eine grundlegende Veränderung einzuleiten.

Was Veränderungen angeht, sind wir ein bisschen wie Frösche: Unser Körper und unsere Seele sind bestrebt, ein ihnen bekanntes Gleichgewicht zu halten. Weil Veränderungen potenziell als gefährlich eingestuft werden, versuchen wir, das Bekannte zu bewahren. Zu schnelle Veränderungen bewirken daher ganz automatisch Gegenreaktionen. Sind die Veränderungen aber klein und folgen nur langsam aufeinander ab, bemerken wir sie nicht bewusst. Genau das passiert in dieser Phase: Eine Situation wird mehr und mehr unangenehm. Weil sich diese Entwicklung aber in sehr kleinen Schritten über eine lange Zeit hinzieht, passen wir uns an.

Geschähe dagegen alles ganz schnell, würden wir die Situation niemals akzeptieren. Würden wir zum Beispiel gleich nachdem wir die neue Stelle angetreten haben, die schlechte Arbeitsatmosphäre vorfinden, in der wir uns Jahre später befinden, würden wir sofort kündigen. So aber arrangieren wir uns mit jeder Verschlechterung. Wir fühlen uns zwar nicht wirklich wohl, trösten uns aber damit, dass sich alles ja nur ein bisschen verändert hat – und vergessen dabei, dass die Veränderung insgesamt doch durchaus gravierend ist. Wir machen es aushaltbar und manchmal machen wir uns auch einfach etwas vor: Der Job ist doch sicher und er ist auch gut bezahlt. Also sollte man nicht meckern. Meistens ist uns gar nicht bewusst, wie sehr wir uns etwas vormachen.

Auch Sybille kam zu mir in die Praxis. Bei ihr war eine Depression diagnostiziert worden. Sie hatte sich in den letzten Monaten immer häufiger erschöpft gefühlt und musste sich regelrecht überwinden, zur Arbeit zu gehen, die ihr einmal viel Spaß gemacht hatte. Sie hatte kaum noch Freude an ihren beiden Kindern, obwohl die sich ganz erfreulich entwickelten. Immer häufiger konnte sie nicht gut schlafen und grübelte stattdessen die halbe Nacht. Ihr Hausarzt hatte ihr Antidepressiva verschrieben, aber Sybille wollte erst einen anderen Weg probieren, bevor sie Tabletten schluckte.

Meine Fragen förderten anfangs nichts Interessantes zutage. Die Depression hatte sich schleichend entwickelt, es hatte keinen gravierenden Einschnitt in ihrem Leben gegeben, keine besondere Verletzung, und für das Leben, das sie führte, hatte sie sich bewusst entschieden. Sie liebte ihre Kinder und ihren Job, auch das Haus, in dem sie wohnte, gefiel ihr. Der Garten sei schön, selbst wenn ihr die Arbeit darin zunehmend zur Last würde. Nichts war auffallend, kein Satz förderte irgendeine besondere Reaktion zutage. Bis ich sie fragte: »Hast du denn auch einen Mann?« Da erschrak sie und setzte sich aufrecht hin. »Klar«, sagte sie, »einen Mann habe ich auch. Wieso fragst du?« Ihre Körpersprache hatte sich schlagartig verändert, auch ihre Stimme klang anders. Das interessierte mich natürlich und ich fragte sie, wie es ihr mit diesem Mann denn ginge. Fast verdutzt schaute sie mich an, gut natürlich, meinte sie dann und wechselte das Thema. Bäng! Da war die Spur. Es stellte sich heraus, dass sie nie auch nur darüber nachgedacht hatte, wie es um ihre Beziehung stand. Ihr Mann war treu, sie verstanden sich gut, das heißt, sie stritten kaum und kümmerten sich gemeinsam um Kinder und Haus. Alles in Ordnung, keine Skandale, gelegentlich Sex, der auch gut war, nichts Aufregendes also. Und doch: Ein paar Fragen und eine halbe Stunde später weinte Sybille über den Zustand ihrer Beziehung, der ihr überhaupt nicht bewusst gewesen war. Sie liebte ihren Mann, aber ihr Beisammensein fühlte sich irgendwie mechanisch an und tot. Schleichend war ihre Beziehung gestorben, ohne dass es jemand gemerkt hätte. Und wie es ihrem Mann damit ginge? Das wusste Sybille nicht. »Darüber reden wir nicht«, sagte sie.

Sybille war jahrelang in der Phase der Disharmonie geblieben und es war ihr dabei gegangen wie dem armen Frosch. Es wurde immer schlimmer, aber weil die Veränderungen so winzig waren, blieben sie unbemerkt. Wer das über einige Jahre erlebt, findet sich nicht selten in einer Depression wieder. In einer Depression fühlen wir uns unlebendig, unterdrücken viele Bedürfnisse und anstatt zu handeln, verfallen wir ins Grübeln. Andere Menschen bemerken die Verschlechterung und versuchen daraufhin zurückzurudern. Das passiert, indem wir

◇ Forderungen stellen: Früher warst du ganz anders. Ich möchte den Mann zurück, den ich mal geheiratet habe.

◇ nachtrauern: Früher war alles besser. Meistens brauchen wir Zuhörer, die uns beim Nachtrauern bestärken. Dazu eignen sich Freunde oder, wenn es berufliche Themen sind, Arbeitskollegen, die ähnlicher Meinung sind wie wir. Wir jammern und klagen, aber wir ändern nichts.

◇ gegen Windmühlen kämpfen: Wir laufen an Stellen gegen Mauern, an denen es nichts zu gewinnen gibt. Meistens steckt dahinter die irrige Annahme, die Mauer würde sich eines Tages öffnen, wenn wir es nur lange genug versuchen. Es MUSS doch klappen! Früher ging es doch auch.

Durch keine dieser Strategien ändert sich etwas. Sie kosten nur Energie, um den Fokus in der vermeintlich besseren Vergangenheit zu halten. Die Phase der Disharmonie und Zuspitzung sollte daher höchstens eine Durchgangsphase sein. In ihr verschlechtert sich ein ursprünglicher Zustand kontinuierlich und drängt zur Auflösung und Veränderung. Etwas Neues will geboren werden, die Raupe will ein Schmetterling sein. Sie wird immer dicker und platzt schon aus allen Nähten. Es geht nicht darum, es der Raupe wieder angenehm zu machen. Die Aufgabe lautet: Arbeite darauf hin, dich nachhaltig zu verändern.

Dazwischen steht nur – leider – die Krise. Dieser Zustand, der sich so schlimm anfühlt, dass wir ihn ja unbedingt vermeiden möchten. Wir fürchten uns zu sehr davor. Mir geht es da nicht anders, obwohl ich genau weiß, wie wichtig sie sind. Ich würde, wenn man mich fragt, immer ganz klar bejahen, dass ich für jede Krise in meinem bisherigen Leben dankbar bin – im Nachhinein. Trotzdem habe auch ich gegen jede sich abzeichnende Krise zumindest eine Weile angekämpft und versucht, das Rad zurückzudrehen.

Viele Menschen verschwenden in dieser zweiten Phase der Unzufriedenheit und Zuspitzung unendlich viel Energie durch Festhalten und unwirksames Bemühen. Dabei fließt das Leben nur in eine einzige Richtung. Es ist wie ein reißender Fluss. Wer dagegen anrudert, kommt vielleicht ein Stückchen zurück, verbraucht aber viel Kraft und wird sofort wieder flussabwärts getrieben, sobald er einen Moment zu rudern aufhört. Wer Jahre in so einer Phase (stecken) bleibt, verliert daher nicht nur Kraft oder wird depressiv. Er verliert auch wertvolle Lebenszeit.

## Die Krise

Eine Krise? Hurra! Ich erinnere mich an eine Sitzung mit Marianne, die mit rot verweinten Augen vor mir saß. Sie war ein Jahr zuvor in einer depressiven Phase zu mir gekommen, hatte sich dann zunächst gefangen, indem sie sich ein neues Hobby gesucht hatte, das ihr Spaß machte, vor Kurzem aber diffuse Ängste entwickelt und sich immer unzufriedener gefühlt. Deshalb kam sie wieder. Auch ihre Beziehung war schon alt und fast tot, aber sie wollte sich nicht damit beschäftigen. Sie fand es nicht wichtig. Klarer Fall von Verdrängung. Darüber haben wir ja schon weiter oben gesprochen.

Heute hatte sie dunkle Ringe unter den Augen und war total fertig. Was passiert sei, fragte ich sie. Ihre Beziehung sei in der Krise, sagte sie, ihr Mann hätte eine Affäre. Ich erinnere noch genau, wie sie mich anschaute, als ich sagte: »Na Gott sei Dank, endlich!« Dabei meinte ich damit nicht die Affäre ihres Mannes, sondern die Tatsache, dass die Krise da war. Und mit ihr war in dieser Frau, die vorher wie abgeschaltet gewirkt hatte, wieder Lebendigkeit zu spüren. Klar: Es ging ihr nicht gut. Es ging ihr sogar ausgesprochen schlecht. Sie sah aus, als wäre sie aus einem Koma aufgewacht, über den Zustand der Welt, in der sie lebte, zwar erschrocken, aber wieder lebendig. Ein guter Anfang.

In der Krise kippt ein Geschehen, sodass es nicht mehr rückgängig gemacht werden kann. Es ist, als würdest du dich weiter und weiter über eine Brüstung beugen. Eine Zeit lang hältst du dich, aber dann kommt der Moment, in dem du das Gleichgewicht verlierst und abrutschst. Jetzt ist die Krise da, es ist zu spät, dich noch festzuhalten. Es gibt kein Zurück mehr.

Natürlich gibt es auch Krisen, die aus heiterem Himmel einschlagen. Die Coronakrise ist so eine Krise. Einige Wochen vorher konnte sich noch keiner vorstellen, dass ein Virus unser gesamtes gesellschaftliches Leben lahmlegen, Lebensplanungen über den Haufen werfen und die Gesundheit vieler Menschen gefährden würde. Auch Unfälle treffen uns aus heiterem Himmel und manchmal auch eine Kündigung.

In dem Moment, in dem die Krise eintritt, und das ist wirklich ein winziger Punkt auf der Zeitlinie, spürst du, dass dein Leben kippt. Plötzlich ist alles ungewiss oder du hast an einem Punkt Gewissheit, aber eine schreckliche. Meistens erlebst du Angst und gleichzeitig eine große Wachheit. Vielleicht fühlst du dich ohnmächtig, ausgeliefert, verzweifelt. Das ist in Ordnung. Es ist nicht schlimm. Dagegen musst du nicht ankämpfen. Es darf eine Zeit lang so sein und ist normal in dieser Zeit. Diese Gefühle sind schon Teil der kommenden Veränderung. Du hast noch keine Erfahrung mit der neuen Situation und musst in unglaublich kurzer Zeit sehr viel lernen. Angst ist in Ordnung, solange du sie erst akzeptierst und dann überwindest, um in der neuen Situation wieder handlungsfähig zu werden. Die Angst dauert dann nur wenige Stunden oder Tage und macht anschließend dem Neuen Platz. Wie das geht, erfährst du im dritten Kapitel des Buchs.

Je schneller du also die Krise akzeptierst und annimmst, umso schneller ist die Krise in der Regel vorbei. Denn dann reißt dich die Energie der nächsten Phase mit: Die Neuausrichtung setzt unfassbare Kräfte und Kreativität frei.

Akzeptieren und Annehmen ist nicht das Gleiche wie Gutheißen. Meistens bringen uns Krisen in Situationen, die wir nicht einmal unserem schlimmsten Feind wünschen würden.

## WAS BEDEUTET LOSLASSEN?

»Du musst loslassen!«, hörte man noch vor ein paar Jahren fast ständig, wenn jemand Probleme hatte, traurig war oder mit etwas haderte. Mir kam diese Formulierung irgendwann zu den Ohren raus. Denn was schön klingt, ist in einer Situation, in der jemand leidet, absolut kontraproduktiv und unempathisch. Genauso gut könnte man sagen: Geh mir mit deinen Problem nicht auf die Nerven.

Dabei ist Loslassen etwas Fantastisches, wenn man es verstanden hat. Es bedeutet nämlich nicht, wie häufig gedacht, dass man verzeiht (»Passt schon, ich bin dir nicht mehr böse«) und noch weniger, dass man an etwas nicht mehr denkt (das ist Verdrängung), sondern etwas ganz Einfaches: Wer loslässt, hört auf, sich die Vergangenheit oder das Leben an sich anders zu wünschen.

Loslassen ist radikale Akzeptanz. Es ist wie es ist. Es war wie es war. Punkt. Wer hier angelangt ist, ist über dem Moment der Krise hinweg.

Wer könnte schon guten Gewissens sagen, dass ein Schlaganfall oder Herzinfarkt etwas Gutes sind? Das sind sie natürlich nicht. Meistens erleben wir in Krisen tatsächlich schlimme Verluste und es geht nicht darum, irgendetwas schönzureden. Äußerungen wie: »Es wird schon zu etwas gut sein« sind definitiv kontraproduktiv. Aber wir können etwas Gutes daraus machen. Darin liegt die große Chance der Krise.

Es gilt der Realität ins Auge zu blicken. Ohne sie schönzureden. Weil nicht anderes übrig bleibt. Es geht darum loszulassen. Dann startet die nächste Phase. Der Turbo!

## Die Phase der Neuausrichtung

Du hast begriffen, was passiert ist. Du weißt: Das Leben ist anders als vorher. Was noch bis vor Kurzem sicher schien, ist weg. Was du aufgebaut hast, ist vielleicht verloren. Fakt ist: Es ist so und du wolltest das nicht. Es tut noch weh. Aber du nimmst die Veränderung an und schaust wieder nach vorne.

Sobald du diesen Punkt erreicht hast, beginnt etwas Wundervolles: die Neuausrichtung. Ich benutze das Wort »wundervoll« mit Bedacht. Oft kommt einem das Leben in diesem Moment nämlich wirklich wie ein Wunder vor – unerwartet und reich. Eine Welle von Energie packt dich und spült dich voran, mühelos. Ideen sprudeln, vielleicht bist du einige Nächte schlaflos. Du fühlst dich hellwach, vollkommen lebendig und zu allem bereit, auch wenn du noch nicht wirklich sagen kannst, wozu genau. Du spürst, wie das Leben in dir vibriert. Du fühlst dich euphorisch, du hast Mut und Kraft und ein tiefes Gefühl von Stimmigkeit. Du bist eins mit dir selbst.

Plötzlich tust du Dinge, die du bisher nicht getan hättest. Kommst in Kontakt mit Menschen, die ganz anders sind als jene, die du bisher in deinem Bekanntenkreis hattest. Inspirierende, liebevolle, hilfsbereite Menschen. Du bist noch traurig über das Verlorene. Aber du bist auch voller Freude, ohne genau zu wissen, warum. Das Leben ist präsent, die Zeit dicht und mit ungeheurer Energie schaffst du neue Dinge, die bisher völlig unmöglich schienen. Vielleicht fühlst du dich sogar selbst ganz neu und frisch. Ideen tauchen auf, die mutig und manchmal fast beängstigend sind. Du fühlst dich, als würde das Leben aus all deinen Poren strömen. Alle Trägheit ist wie weggewischt, alle Zweifel verflogen. Überflüssige Pfunde purzeln plötzlich wie von selbst. Du bewegst dich ganz selbstverständlich und achtest besser auf dich. Du findest Menschen, die dir guttun und die auf deiner Wellenlänge liegen, von deren Existenz du bisher nicht wusstest. Und du verlässt Beziehungen, Freundschaften und lose Bekanntschaften, die schon lange nicht mehr passen.

Diese Phase ist aufregend und prickelnd. Nie spürst du das Leben so intensiv wie jetzt, nie bist du so mutig und nie gelingen dir neue Dinge mit so viel Selbstverständlichkeit. Du musst dich nicht anstrengen. Das Leben nimmt dich mit in seinem Strom, sobald die alten Dämme gebrochen sind. Das hat die Krise erledigt und jetzt verändert sich das Leben wieder ins Positive. Du fühlst dich nicht nur befreit, du bist es wirklich.

Diese wundervolle Phase voll ungezügelter Energie dauert ein paar Wochen bis Monate. Neues entsteht, du findest dich selbst wieder in neuer Form. Du bist jetzt ein Schmetterling und lernst mit überquellender Freude zu fliegen. Du findest deinen neuen Platz. Und wenn du ihn gefunden hast, trittst du ein in eine neue Phase der Harmonie.

## Ein nie endender Kreislauf

Unser ganzes Leben lang bewegen wir uns immer wieder durch diese Phasen, durchleben jede einzelne von ihnen in unregelmäßiger Abfolge ständig aufs Neue. Die Phasen reihen sich spiralförmig aneinander. Es geht immer weiter. Wenn wir wieder die Phase der Harmonie erreichen, ist das eine andere Art von Harmonie als zuvor. Wir sind anders, unsere Prioritäten und Themen sind andere, genau wie die Lebensumstände. Wir sind innerlich größer und lebendiger.

Wenn wir aufhören, uns in der Spirale zu bewegen, sind wir tot – zumindestens innerlich. Wir können auch keine Phase überspringen. Es ist zum Beispiel unmöglich, die Krisen auszulassen. Sie sind dafür zuständig, uns von einem gewohnten Zustand in einen anderen zu katapultieren, mit Wucht. Ohne diesen Übergang ist Entwicklung immer halbherzig und wirkliche Befreiung findet nicht statt.

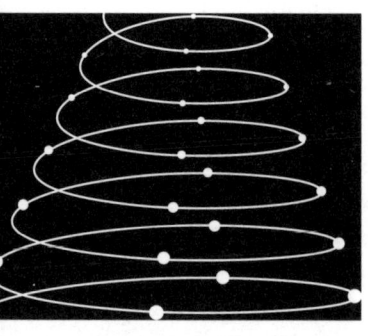

Jede Krise hilft dir, dich weiterzuentwickeln.

# LASS ARSCHTRITTE ZU!

Krisen sind die besten Lehrmeister. Weil wir bequeme Wesen sind, die gerne das tun, was sie schon immer getan haben, entwickeln wir uns ohne Krisen viel langsamer oder überhaupt nicht. Manchmal passiert außerhalb von Krisen sogar genau das Gegenteil einer Entwicklung: Das Leben wird immer eingeschränkter, der Horizont immer enger und wir fühlen uns wie Zombies oder Maschinen.

Die Lebendigkeit wird durch eine Krise massiv herausgefordert. Arschtritte wecken uns auf. Sie tun das mit Gewalt. Sie tun das gegen unseren Willen. Aber sie tun es für uns.

## LEBEN IN DER KOMFORTZONE

Wenn du glaubst, dass sich die Komfortzone auf dem Sofa befindet, täuschst du dich gewaltig. Komfortzonen sind selten komfortabel. Manchmal sind sie vielmehr ein wahres Elend. Allein: Sie sind das, was man gewohnt ist.

Wenn du dich beispielsweise bisher schlecht ernährt hast und deshalb gesundheitliche Probleme hast, befindest du dich mit der schlechten Ernährung in der Komfortzone. Eingefahrene Essgewohnheiten zu ändern ist schwer, auch wenn sie zu gesundheitlichen Beschwerden führen, du nach jedem Essen aufstoßen musst und Pickel hast.

Wenn du rauchst, befindest du dich damit in deiner Komfortzone, einfach weil du es schon so lange tust. Es zu ändern fällt unendlich schwer, auch wenn dein Partner, deine Partnerin oder deine Kinder den Geruch nicht mögen, du das Geld gut für etwas anderes gebrauchen könntest oder eine chronische Bronchitis hast.

Wenn du in einer Umgebung aufgewachsen bist, in der es viel Streit gab, wirst du immer wieder in Situationen geraten, in denen gestritten wird. Auch wenn du daran leidest, ist in diesem Fall genau das die Komfortzone. Und es verlangt viel Kraft, aus ihr auszusteigen. Wenn du anderen misstraust, und das schon lange, ist Misstrauen deine Komfortzone – obwohl es sich in ihr schrecklich lebt. Dich auf einen Menschen einzulassen kann dann das Schwierigste sein, was es für dich im Leben gibt – auch wenn du es dir tief im Innern so sehr wünschst. Genauso wirst du wahrscheinlich unbewusst immer neue Dramen produzieren, wenn dein Leben bisher aus Dramen bestanden hat – einfach weil du es gewohnt bist und egal, wie sehr du daran leidest.

Dass das so ist, hat mit der Beschaffenheit unseres Gehirns zu tun. Es ist plastisch, wie der Hirnforscher Gerald Hüther schreibt, was bedeutet: Es kann sich zeitlebens anpassen und neue Strukturen ausbilden, die dann das Verhalten, Denken oder Fühlen bestimmen. Gleichzeitig bedeutet das aber auch, dass sich das Gehirn im Zusammenspiel mit unseren bisherigen Erfahrungen ausgebildet hat und genau so funktioniert, wie es in der Vergangenheit gepasst hat. Es hat sich so strukturiert, dass wir optimal an unsere Umwelt angepasst waren. Fast immer ist diese Welt, an die sich das Gehirn angepasst hat, die Umgebung unserer Kindheit: unser Elternhaus, die Werte und Regeln, die dort gegolten haben, wie miteinander geredet wurde, die Ge-

---

## UNTERSCHIEDLICHE KOMFORTZONEN

◇ Du hast Komfortzonen für dein Verhalten.
◇ Du hast Komfortzonen für dein Denken und deine Überzeugungen über die Menschen, die Welt und das Leben im Allgemeinen.
◇ Du hast Komfortzonen in deinen Gefühlen.

fühle, die wir dort vorgefunden haben, unsere Reaktionen darauf und die Gedanken und Glaubenssätze, die wir von dort mitbekommen haben – ohne dass wir uns das ausgesucht haben.

Weil das Gehirn Weltmeister im Wiederholen ist, spielt es aus Gewohnheit immer die gleichen Programme ab. Das ist die Komfortzone. Es reaktiviert damit die Vergangenheit, früheres Erleben und alte Gefühle und die immer gleichen Überzeugungen und Gedanken – und zwar unabhängig davon, ob sich diese als richtig erwiesen haben oder nicht, ob sie helfen oder nicht. Weil sich das Leben um uns herum aber ständig verändert, weil wir älter werden und an Erfahrung dazugewinnen, passen die Programme von gestern irgendwann nicht mehr. Wir sind mit ihnen nicht mehr in der Lage, die Herausforderungen von heute zu bewältigen. Sie versagen einfach. Man könnte es auch so sagen: Du wirst von deiner Kindheit und Jugend ferngesteuert und wunderst dich, dass du immer wieder die gleichen Gefühle erlebst wie damals.

Komfortzonen geben uns ein Gefühl von Sicherheit. Da kennen wir uns aus, auch wenn es schrecklich ist. In Wirklichkeit sind wir in unseren alten Komfortzonen überhaupt nicht in Sicherheit. Der österreichische Psychotherapeut und Kommunikationswissenschaftler Paul Watzlawick beschreibt das in seinem Klassiker »Vom Schlechten des Guten oder Hekates Lösungen« aufs Vortrefflichste: Solange wir uns in den eigenen Komfortzonen bewegen, tun wir bei Problemen immer das Gleiche – ganz egal, ob wir damit Erfolg haben oder nicht. Haben wir keinen, tun wir das Gleiche eben noch mal, nur ein bisschen intensiver. Und wundern uns, dass wir damit noch ein bisschen intensiver auf die Nase fallen. Das heißt: Im normalen Alltag reicht ein üblicher Misserfolg meistens nicht, um eingefahrene Denk- und Verhaltensweisen zu verändern. Dafür braucht es etwas, was uns wirklich wachrüttelt.

## DER SEGEN EINES ARSCHTRITTS

Krisen brechen die starren Mauern der alten Komfortzonen auf und plötzlich stehst du nackt da – unter einem weiten Himmel. Es mag beängstigend sein, ein Alarmzustand. Aber es ist jetzt unmöglich, das Gleiche wie bisher zu tun. Du kannst es probieren – aber du wirst schnell merken, dass das Ergebnis ein Fiasko ist. Wenn jede Sicherheit verloren ist, helfen auch eingefahrene Muster nicht mehr, um sie zurückzubringen. Alte Überzeugungen sind zerstört, gewohnte Gefühle plötzlich komplett verändert. Alte Ängste sind über Nacht verschwunden und du erlebst dich in einer Radikalität, die du so nicht kennst.

So schafft es eine Krise, innerhalb weniger Tage innere Veränderungen möglich zu machen, für die du sonst viele Monate oder Jahre bewusster Veränderungsarbeit gebraucht hättest. Vielleicht hast du schon lange überlegt, ob du dir einen neuen Job suchen sollst oder nicht. Jetzt schreibst du einfach deine Kündigung und ziehst außerdem gleich noch in eine andere Stadt. Der Arschtritt, den dir das Leben erteilt, setzt alles zurück. Du kannst alles ohne Tabus auf den Prüfstand stellen – und machst unerwartete und beglückende neue Erfahrungen.

Diese Erfahrungen sind für die Seele eine echte Notwendigkeit. Bewegt sie sich zu lang in einer Komfortzone, geht sie ein. Sie ist dann nicht mehr lebendig. Ich treffe in meiner Arbeit jede Woche Menschen, die mir genau das berichten: dass eigentlich alles in Ordnung wäre, aber sie sich trotzdem nicht gut fühlen. Dass sie sich nicht spüren, nicht wirklich leben und nur irgendwie existieren würden. Keine Klagen, nichts Schlimmes, eigentlich ist alles in Ordnung. Und doch: Es ist schlimm! Sie leben wie ein Automat. Das Drumherum verändert sich vielleicht ein bisschen, aber sie fühlen nichts, wie eine Maschine, die man morgens anstellt und die über den Tag mehr oder weniger gut funktioniert. Das ist nicht wirklich ein Leben!

## SO MERKST DU, DASS DU WIRKLICH LEBENDIG BIST

Lebendigkeit bedeutet nicht Spaß und ständige Freude. Leider, aber so ist es und es ist auch nicht zu ändern. Trotzdem ist es tausend Mal besser als ein Leben als Zombie. Lebendig sein bedeutet Engagement und Risiko, es bedeutet Erfolg, aber auch Scheitern, Schmerz, Lieben, sich einlassen, Glück spüren, aber auch verletzt werden, Überraschungen erleben, die das Leben spannend machen, und der eigenen Neugier folgen. Egal, wohin sie dich führt.

Das ist gar nicht immer so einfach. Lebendigsein geschieht zwar eigentlich von selbst, wie man bei kleinen Kindern gut beobachten kann. Je älter wir aber werden, umso mehr Lebendigkeit wird uns aberzogen. Manches gehört sich nicht, lernen wir, anderes sollen wir gleich lassen, weil wir es eh nicht richtig können. Bestimmte Ziele und Träume passen nicht zu den Vorstellungen der Eltern oder dem Rest der Familie. Ein »verrückter« Berufswunsch ist viel zu unsicher und die Reise allein in die weite Welt hinein, nur mit einem Rucksack bepackt, ist etwas für Träumer. Mach erst einmal deine Ausbildung und verdiene dein eigenes Geld!

Es ist nicht leicht, der Stimme im Innern treu zu bleiben. Zu viele Tabus hat jede Gesellschaft – auch unsere. Zu sehr passt sich zudem unser Gehirn an die Denk- und Handlungsgewohnheiten der Umgebung an. Und die »richtigen« Ziele werden uns klar vermittelt: eine gute Ausbildung, eine feste Partnerschaft, vielleicht Kinder (und zwar genau in dieser Reihenfolge!) und am besten noch ein Eigenheim. Ein sicherer Job und ein regelmäßiges Einkommen. Zwischendurch Urlaub zum Erholen, aber bloß nicht zu gefährlich, lieber pauschal oder in einer Gegend, wo auch viele andere Urlaub machen und man daher gut zurechtkommt. Ein Auto … Familien, die dem Berufswunsch ihrer Kinder, Schäfer oder Graffitikünstler zu werden, sofort zustimmen und dem Sprössling begeistert dazu gratulieren, dass er der Stimme seines Herzens folgt, sind immer noch selten. Gerade da, wo es uns nicht bewusst ist, wirken Tabus am intensivsten. Und genau dort verzichten wir häufig bereitwillig auf Träume, bevor wir überhaupt gemerkt haben, dass sie ihre Stimme im Innern erheben.

Doch was richtig scheint (weil es die Richtung ist, die unser Umfeld uns vorgibt), ist nicht automatisch auch stimmig. Das heißt, es kann für uns selbst eben überhaupt nicht stimmen. Trotzdem entscheiden wir uns meistens für einen anerkannten Weg oder, noch schlimmer, in einem Akt der Verzweiflung und des Widerstands für das Gegenteil dessen, in das uns jemand zu gewalttätig hineindrängen will. Wir folgen unserem eigenen Gefühl schon lange nicht mehr. Das würde vielleicht auch zu Konflikten führen, zu Unverständnis, vielleicht sogar Ablehnung. Es macht das Leben nicht einfacher, sondern schwieriger. Es birgt Risiken und kann dazu führen, dass wir Dinge oder Menschen verlieren, die unser Leben angenehm oder leicht machen.

Eine Krise aber rüttelt uns endlich wach und katapultiert uns in eine Situation, in der wir plötzlich nicht mehr viel zu verlieren haben. Sie wirbelt das Leben und unsere Seele so sehr durcheinander, dass die Gefahr so eines wirklichen, echten Lebens plötzlich gar nicht mehr so groß erscheint. Schlimmer als in der Krise kann es auch nicht mehr werden.

So öffnet die Krise Türen, die wir aus Angst nicht gesehen haben. Sie holt uns aus dem sicher Geglaubten und konfrontiert uns mit neuen Wahlmöglichkeiten. Sie entfesselt Lebenskraft, die bisher gebremst war. Dafür nimmt sie uns etwas Vertrautes weg.

So schlimm sie sich darum auch anfühlen: Arschtritte sind große Befreier! Wenn wir das wissen und es annehmen können, können wir damit beginnen, noch intensiver zu leben!

## DAS POTENZIAL

Im ersten Moment nach dem Arschtritt wünschen wir uns trotzdem erst einmal nur eins: dass alles wieder so wird, wie es war. Deshalb geben wir Energie in die Rückschau: Wie konnte das passieren? Was kann ich tun, um es rückgängig zu machen? Wir wollen zurückrudern. Aber es ist ein Irrtum zu glauben, dass das möglich ist. Je früher wir das kapieren, umso besser!

Der schwerste, zugleich aber auch der befreiendste Schritt ist dann das Loslassen. Anzunehmen, dass sich das Leben radikal verändert hat. Zu akzeptieren, dass etwas für immer verloren ist. Sich davon abzuwenden und nach vorne zu schauen, in die ungewisse Zukunft. Den Schmerz anzunehmen, der damit verbunden ist. Jetzt endlich kann das Leben dich mitnehmen, dich mitreißen im starken Strom, der dich trägt. Du weißt noch nicht, wohin es geht. Aber die Energien sprudeln, du spürst wieder Kraft und weißt: Etwas Neues hat angefangen.

Weil es nichts mehr zu verlieren gibt, öffnen sich mitten in einer Krise meistens völlig unerwartet neue Horizonte. Das Leben, das lange grau war, erstrahlt plötzlich in neuen Farben. Bedeutungen verändern sich und die Seele macht einen Wachstumssprung. Ja, Krisen haben Sprengkraft. Das ist erst mal bedrohlich und macht Angst. In Wirklichkeit aber sprengen sie die alten Verkrustungen und Teile deiner Identität ab, die dich unmerklich schon viel zu lange einengen. Sie befreien von Ballast – schonungslos und ohne bewusste Kontrolle. Sie zwingen zu großer Ehrlichkeit und konfrontieren dich mit den zentralen Fragen: Was ist wirklich wichtig für mich? Wo habe ich mir bisher etwas vorgemacht? Wie möchte ich mein Leben wirklich nutzen? Wie fülle ich mein Leben mit Sinn?

Begrüße Krisen deshalb mit großem Respekt. Sie sind die großen Befreier. Sie bringen dich zu dir selbst, sie fordern dich heraus und mitunter zwingen sie dich auch dazu – so beharrlich, dass Widerstand zwecklos ist.

# DIE KRISE IST DA – SO NUTZT DU IHRE KRAFT

Angst in Vertrauen und Energie verwandeln? Dich dem Fluss anvertrauen und dich tragen lassen? Das geht. Du findest auf den nächsten Seiten viele verschiedene und ganz praktische Werkzeuge. Mit jedem Schritt tauchst du weiter ein in die große Verwandlung.

# KEINE ANGST
# VOR DER ANGST!

Wachstumssprung hin oder her: Wenn die Krise da ist, fühlt sie sich erst einmal nicht nach einem großen Glück an, eher nach genau dem Gegenteil. Die Emotionen brodeln und du hast vielleicht das Gefühl, dich selbst nicht mehr zu kennen – was durchaus der Wahrheit entspricht, weil du tatsächlich nicht mehr so bist, wie du dich kennst, aber auch noch nicht weißt, wer da gerade wie Phönix aus der Asche steigen will.

Das typische erste Gefühl in diesem extremen Moment ist Angst. Vielleicht sogar nackte Angst oder helle Panik. Das ist normal, schließlich hat sie unter anderem die Funktion, dich darauf hinzuweisen: »Achtung! Du kommst in einen Bereich, in dem du dich nicht auskennst. Alles ist neu. Es gibt keine Komfortzone mehr, die Sicherheit ist dahin.«

Solche Botschaften sind für den Körper aber ein Zeichen von Gefahr. So ist verständlich, dass die meisten Menschen erst einmal spontan auf diese erste wichtige Etappe der Krise reagieren, indem sie …

◇ die Angst durch Alkohol, Essen, andere Drogen oder mediale Ablenkung verdrängen.

◇ gegen die Krise ankämpfen und versuchen, einfach alles rückgängig zu machen, was in die Krise geführt hat. Dazu ist meistens eine Menge an Verdrängung notwendig: Man redet sich ein, es sei gar keine richtige Krise, was kaputt ist, sei gar nicht wirklich kaputt und lasse sich in Wirklichkeit wieder reparieren. Manche Menschen »versuchen« es auch mit Aggressivität.

◇ Schuldige für die Krise suchen.

Nichts davon ist eine gute Idee. Kämpfe nicht gegen die Krise an, auch wenn dich die Angst von Neuem packt, sobald du das Verdrängen sein lässt. Keine ihrer schmerzhaften Etappen lässt sich überspringen oder verkürzen. Im Gegenteil: Die Krise verlängert sich – und damit auch das Leiden. Nichts heilt. Es ist wie das Leben in der Asche. Phönix ist verbrannt, darf sich aber nicht neu erschaffen, weil du darauf bestehst, dass er der alte bleiben soll. Das ist Quatsch, oder?

Genau das machen manche Menschen, wenn sie nach dem Tod der Partnerin oder des Partners noch jahrelang einen Teller für sie/ihn auf den Tisch stellen, die Kleider im Schrank hängen lassen, sogar die Schuhe des Verstorbenen putzen, wenn sie Staub gefangen haben, und die leere Seite des Betts mitbeziehen. Dadurch vermeiden sie, ein neues Leben zu beginnen – ohne den anderen. Auch Verlassene halten oft fest, meist ohne zu merken, dass sie damit das eigene Leid verlängern und die Kraft abwürgen, die in der Krise nur darauf wartet, strömen zu dürfen. Sie stalken die oder den Ex, anstatt sich innerlich zu verabschieden. Sie trauern einem Job nach, den sie verloren haben, anstatt neue Ziele zu entwickeln. Sie streiten vor Gericht jahrelang gegen jemanden, der ihnen Unrecht getan hat, und suchen Schuldige für ein Unglück, das sie erlebt haben. Schuldige zu suchen ist die häufigste Strategie, um Angst oder Schmerz nicht zu spüren – und in der Vergangenheit gefangen zu bleiben.

## WARUM ANGST TROTZDEM ERST EINMAL GUT IST

Trotz allem ist es ganz natürlich, dass du in Momenten totaler Ungewissheit und bei fehlender Kontrolle über die Situation Angst entwickelst. Das Vertraute ist weg und das Neue noch unbekannt und du weißt nicht, wohin es geht. Die bisherige Sicherheit ist weg – egal, ob das eine reale Sicherheit war oder nur eine subjektive. Ist die Sicherheit abhandengekommen, schlägt das Nervensystem Alarm. Der Vorteil: Angst macht hellwach. Angst macht reaktionsschnell. Musst du fliehen, geht das viel besser, wenn du Angst hast. Du rennst schneller und fühlst keinen Schmerz. Du kannst kämpfen und merkst nicht, wenn du erschöpft bist. Das Adrenalin, das dein Körper in diesem Moment ausschüttet, beamt ihn in einen Zustand höchster Leistungsfähigkeit. Das hilft dir dabei, innerhalb von drei Stunden deine Sachen zu packen, wenn du ausziehen musst.

Erst nach einer Weile übernimmt ein anderes Hormon: Cortisol. Es führt dazu, dass du weiter durchhältst, ohne Hunger oder Durst und ohne müde zu werden. Feuerwehrleute kennen das aus langen und schwierigen Einsätzen: Der Alarm klingelt, Adrenalin wird ausgeschüttet und die Feuerwehrfrau springt um zwei Uhr morgens aus dem Bett. Reflexartig schlüpft sie innerhalb von Sekunden in ihre Kleider, packt den Autoschlüssel und rast ins Feuerwehrhaus, schnappt sich die Ausrüstung und sitzt auch schon im Rüstwagen.

Am Einsatzort, wenn die Lage klar ist und jeder weiß, was er zu tun hat, sinkt das Adrenalin langsam wieder ab. Jetzt schüttet der Körper Cortisol aus. Das hält die Feuerwehrfrau über Stunden wach und leistungsfähig. Ihre Erschöpfung bemerkt sie nicht. Sie ist aufmerksam, klar und einsatzbereit, bis der letzte Funken gelöscht ist. Erst später, wenn sie auf dem Heimweg ist, geht der Cortisolspiegel wieder nach unten. Der Brand ist gelöscht, die Gefahr gebannt. Nun spürt sie plötzlich die bleischwere Müdigkeit. Wenn du dich gerade getrennt hast, schaffst du es deshalb mit Leichtigkeit, die ganze Nacht im Auto hellwach zu bleiben, wenn du zu einer Freundin fährst, die am anderen Ende der Republik wohnt und dir ihr Sofa angeboten hat.

Das Wechselspiel der Hormone ist auch der Grund, warum Menschen, die in eine Krise geraten sind, die ersten Nächte manchmal kaum schlafen können, selbst wenn sie das gerne würden. Oder dass sie urplötzlich körperliche Kräfte spüren, die sie schon lange nicht mehr kannten. Ihr Körper befindet sich im

Ausnahmezustand. Und weil Krisen leider meistens nicht innerhalb weniger Stunden vorbei sind, kann dieser Zustand entsprechend länger andauern als bei einem Feuerwehreinsatz.

Es ist gut, der Angst, die auftaucht, Raum zu geben, anstatt sie zu verdrängen oder sich abzulenken. Auch die Energie der Angst kannst du nutzen und du solltest es tun. Wenn du nicht müde bist, schlafe nicht, sondern miste die Briefe des treulosen Geliebten aus und schmeiße sie weg.

Gleichzeitig ist es aber wichtig, nicht zu lange in Angst zu verweilen. Schließlich kann der Körper nicht endlos im Alarmzustand bleiben, auch wenn die meisten Herausforderungen, die eine Krise mit sich bringt, sich nicht innerhalb weniger Tage bewältigen lassen. Wenn du aktiv wirst, wird sich der Körper beruhigen. Wenn du auf die Dauer versuchst, dich abzulenken, kann der Körper die Angst nicht abreagieren und schaltet manchmal in einen weiteren Zustand: totstellen und Energie sparen. Emotional heißt das, dass wir in einen Zustand der Hilflosigkeit und Ohnmacht abgleiten, manchmal sogar in den der Apathie. Alles scheint plötzlich egal zu sein. Klar, das ist fatal. Also nutze die Power der wachen Angst, um etwas zu tun – egal, was das ist. Du kannst eine Nachtwanderung machen und auf einen Berg steigen, nachts durch die Straßen fahren, deine Wohnung komplett durchputzen oder tanzen gehen. Alles ist gut, weil es dich in Bewegung bringt.

## WANN ANGST NICHT MEHR HILFT

Bei akuter Lebensgefahr, einem Waldbrand oder einem herannahenden Tiger ist Angst die rettende Reaktion des Körpers. Sie ist in erster Linie ein wichtiger Hinweis: Es könnte Gefahr bestehen, schaue genau in die Büsche, nicht dass da etwas naht, das deinem Leben ein jähes Ende setzt.

Da du in einer Krise Sicherheit verlierst und deine bisherigen Denk- und Handlungsmuster verlierst, ist Angst rein biologisch gesehen also die absolut angemessene Reaktion. Weil sie dich hellwach machen kann, ist sie außerdem auch eine aktivierende Kraft: Sie will, dass du etwas tust, um die Gefahr zu überwinden. Kampf oder Flucht fallen besonders leicht, wenn Adrenalin den Körper flutet. In diesem Zustand rennst du nicht nur schneller als jemals zuvor, du kletterst auch mit Leichtigkeit auf einen Baum, von dem du nie gedacht hättest, ihn erklimmen zu können. Angst aktiviert die körperlichen Systeme zur Notrettung und schaltet das bewusste Denken aus, damit du nicht lange überlegst, sondern sofort handelst – und schon längst hoch oben auf einem Baum in Sicherheit bist, wenn der Tiger dich erreicht hat, oder du längst aus dem Wald herausgerannt bist, wenn das Feuer ihn verzehrt.

In den meisten Situationen, in denen dich ein Arschtritt in Nullkommanichts aus deinem bisherigen Leben herausbefördert hat, ist eine gute Denkfähigkeit aber von Vorteil. Wenn dich die Angst und der Ausnahmezustand ein paar Tage lang erfolgreich in die Gänge gebracht haben, reicht es mit der Angst. Es ist an der Zeit, sie zu überwinden.

# SO LÖST DU
# DEINE ANGST AUF

Wenn Angst dadurch ausgelöst wird, dass du als Freiberuflerin deine Aufträge verloren hast und dein Kreditantrag von der Bank abgelehnt oder gar nicht erst bearbeitet wurde, kann es sich in Ausnahmefällen lohnen zu kämpfen. In den meisten Fällen aber lohnt es sich nicht. Den Kopf in den Sand zu stecken und einfach alle Rechnungen auf einen Stapel oder in eine Schublade zu legen, ohne sie zu öffnen, hilft aber auch nicht, den Problemen zu entfliehen. Es verschärft sie.

In einer Beziehungskrise helfen ebenfalls häufig weder Kampf noch Flucht, obwohl beides instinktiv sehr oft genutzt wird. Kampf kann dann im schlimmsten Fall in Gewalt übergehen, die alle Konflikte eskalieren lässt. Auf der anderen Seite verfestigt sich Flucht in Schweigen, was auch nicht hilfreich ist, wenn es darum geht, eine verfahrene Situation radikal und kreativ zu verändern, offen zu kommunizieren und die Beziehung auf eine neue Grundlage zu stellen – oder sie wenigstens in Würde zu beenden.

Sobald du begriffen hast, dass die Situation ernst ist und für dein Leben, deine bisherigen Gewohnheiten oder deine Identität eine Bedrohung darstellt, hat Angst ihre Aufgabe erfüllt. Du kannst daher getrost den nächsten Schritt angehen: die Angst auflösen, damit du einen klaren Kopf bekommst und handlungsfähig wirst.

Für diesen Schritt sind drei Faktoren relevant, die dir dabei helfen, erst einmal wieder festen Boden unter den Füßen zu bekommen: Sicherheit, Geborgenheit und Verbundenheit. Warum gerade sie so wichtig sind, erfährst du auf den folgenden Seiten.

## SICHERHEIT

In Krisen ist manchmal die äußere Sicherheit abhandengekommen, manchmal die innere und manchmal beides. Entscheidend für das Überwinden von Angst ist das Gefühl von Sicherheit. Wenn du dich innerlich sicher fühlst, braucht es im Außen gar nicht sicher zu sein. Du bist trotzdem ruhiger und besser in der Lage, gute Entscheidungen zu treffen und zu handeln. Konzentriere dich deshalb zuerst auf dich selbst. Denn damit du die Energie der Krise gut für dich nutzen kannst, brauchst du innere Stabilität.

Um diese Sicherheit wiederzufinden, hilft alles, was vertraut ist. Vertraute Rituale, wie das morgendliche Zähneputzen beispielsweise, die Joggingrunde am Abend oder das Mittagessen um 12.30 Uhr. Wenn du beispielsweise deinen Job verloren hast und bisher immer zu dieser Zeit in der Kantine gegessen hast, solltest du zu Hause dein Mittagessen genau zur gleichen Zeit kochen. Du kannst dir auch dein Essen aus der Gaststätte liefern lassen, in der du bisher so gern zu Mittag gegessen hast – oder einfach trotzdem gelegentlich hingehen, wenn dir das guttut. Das signalisiert dem Körper: Es ist nicht alles anders. Das Leben geht weiter. Ein paar Dinge haben Bestand, es ist noch Vertrautes vorhanden.

Ebenfalls hilfreich ist der Kontakt zu Menschen, die dir Sicherheit geben. Häufig sind das Ältere, die schon viel Lebens- und Krisenerfahrung haben. Wenn du ihnen von deiner Situation erzählst und spürst, dass sie ruhig bleiben und alles längst nicht so tragisch nehmen wie du, kann schon das wieder innere Ruhe bringen. Andere Menschen können positiv ansteckend sein, mit dem, was sie sagen, und mit ihrer Stimmung. Suche daher die Nähe von Menschen, die sich nicht aus der Ruhe bringen lassen, und meide solche, die schnell ausflippen und überall Katastrophen sehen oder dich nur bemitleiden, selbst wenn das erst einmal guttut.

Sogar Gegenstände können Sicherheit geben, wenn du sie mit einer Zeit verbindest, in der du dich sicher gefühlt hast. Wenn du dich als Kind stark und sicher gefühlt hast, darf dein Teddy von damals noch einmal seinen großen Auftritt bekommen. Das Gleiche gilt, wenn er dir früher Trost geschenkt hat, wenn du traurig oder ratlos warst. Nimm ihn wieder für ein paar Wochen mit ins Bett, bis du das Schlimmste überstanden hast. Hole deinen alten Glücksbringer aus der Schulzeit aus dem Karton und höre die Musik, die du zu der Zeit in deinem Leben gehört hast, als du das Gefühl hattest, die ganze Welt gehört dir.

## GEBORGENHEIT

Geborgenheit in ihrem ganz ureigenen Sinn aktiviert Ruhe im Körper. Du kannst das gut beobachten, wenn sich ein kleines Kind verletzt hat. Meistens ist es dann erst einmal vollkommen durcheinander und fängt an zu weinen, wenn es sein blutendes Knie sieht. Dann sucht es nach seiner Mama oder seinem Papa, also den Personen, bei denen es sich geborgen fühlt. Sobald es sie gefunden hat und in ihrem Arm liegt, wo es gestreichelt wird und vielleicht ein »Heile, heile Segen« oder andere liebevolle Worte hört, tut es einen tiefen Atemzug und beruhigt sich innerhalb weniger Sekunden.

Was wie ein Wunder wirkt, ist ebenfalls die Folge einer hormonellen Veränderung: Durch die körperliche Nähe, das Schmusen und die beruhigenden Worte wird das Bindungshormon Oxytocin ausgeschüttet und der vordere Vagusnerv aktiviert, der als Stress- und Angstbremse dient. Wie die Notbremse den Zug bringt er die Panik zum Stillstand.

Das wirkt nicht nur bei Kindern. Auch wenn erwachsene Menschen in Krisensituationen zurück zu ihren Eltern oder anderen wichtigen Bezugspersonen aus der Kindheit fahren, suchen sie genau diese Erfahrung von Nähe. Genauso haben das Kuscheln und Schmusen mit dem Partner oder die Umarmung der Freundin diese Wirkung. Suche also ganz gezielt körperliche Nähe bei Menschen, die du magst, und genieße sie immer wieder und ausgiebig.

Sogar das Kuscheln mit dem Hund oder der Katze hilft. Gerade Tiere sind in Krisensituationen wundervolle Begleiter. Sie sind nämlich Experten darin, im Hier und Jetzt zu sein, und können dich damit anstecken.

## VERBUNDENHEIT

Menschen sind nicht nur Säuge-, sondern vor allem auch Gruppentiere. Unsere Vorfahren haben immer in größeren Gruppen gelebt, die in der Regel aus mehreren Familien bestanden.

Das Leben in der Gemeinschaft hat den Menschen früher Sicherheit und Kraft gegeben. In der Gruppe konnte man sich besser gegen Angreifer und andere Gefahren verteidigen und erfolgreicher jagen. Man konnte sich sicher sein, dass Hilfe da war, wenn man krank wurde, und dass die Kinder versorgt waren, wenn man selbst sich um den Acker kümmern musste oder auf die Pirsch ging. Der Ausschluss aus der Gruppe war jahrtausendelang die Höchststrafe für einen Menschen. Denn er bedeutete meist den sicheren Tod.

Das Leben in kleinen Familien oder sogar als Single, das uns heute so normal vorkommt, ist eine sehr neue Erfindung und nur deshalb möglich, weil unser Leben viel stärker abgesichert ist, als es das früher jemals war. Doch sobald wir in eine Krisensituation geraten, sobald wir aus unserem bisherigen Leben gekickt werden, brauchen wir die Verbundenheit mit anderen ganz intensiv. Sie signalisiert: Du gehörst dazu. Du wirst aufgefangen. Du bist Teil einer Gemeinschaft. Suche also die Gesellschaft mit anderen, auch wenn du dich gerade gar nicht danach fühlst, triff Menschen, ruhig auch die ganz alte Clique, telefoniere mit Freunden, die weit weg wohnen, verabrede dich zum Mittagessen oder koche abends für Freunde und lade sie spontan ein. Oder lade dich selbst bei anderen ein. Die meisten deiner Freunde werden sich vielleicht wundern, aber auch freuen. Denn Gesellschaft tut uns allen gut.

Auch in dieser Hinsicht kannst du aus einem Arschtritt einen Neuanfang machen und alte Kontakte wiederbeleben oder neue knüpfen. Die Krise ist deshalb die perfekte Zeit, um …

◇ das Adressverzeichnis nach alten oder vergessenen Freunden zu durchforsten.

◇ jeden Tag jemanden anzurufen, der dir wichtig ist oder es einmal war.

◇ dich möglichst oft zu verabreden. Wenn das »live« nicht geht, per Telefon oder Videotelefonie.

◇ ein paar Tage bei Freunden zu übernachten, um nicht allein zu sein.

◇ dich mit Nachbarn zusammenzuschließen oder mit Bekannten und Kollegen, um gemeinsam eine schwierige Situation zu bewältigen.

◇ bei einer kurzen Meditation in deiner Vorstellung alle Menschen um dich zu versammeln, die dir Kraft geben oder gegeben haben, die dich lieben und liebten, an dich glauben und geglaubt haben – und von denen du in der Vergangenheit wichtige Dinge gelernt hast. Nimm auch Menschen in diesen Kreis, die schon gestorben sind. Alle Naturvölker schöpfen Kraft und Verbundenheit aus dem Kontakt mit ihren Ahnen und finden bei ihnen das Gefühl von Schutz.

◇ einen Spaziergang mit einem netten Menschen zu machen, wenn du rausmöchtest, oder zusammen mit jemand anderem joggen zu gehen.

◇ den Abend in deiner Lieblingskneipe zu verbringen, wo du immer jemanden triffst, den du kennst, und in der du dich schon seit Jahren zu Hause fühlst, oder

◇ nachmittags in deinem Lieblingscafé einen Cappuccino zu trinken und ein bisschen mit dem Kellner zu plaudern.

Egal, was für eine Krise du gerade bewältigen musst: Tue es nicht allein. Suche Kontakt zu möglichst vielen Menschen, verbringe Zeit mit ihnen, sei in Gemeinschaft. Du musst in dieser Zeit gar nicht über dein Thema mit ihnen sprechen. Vielleicht trinkt ihr einfach ein Glas Wein miteinander, schaut zusammen einen Film an oder spielt Schach. Das allein bringt dich schon wieder in mehr Sicherheit und Ruhe.

## DIE SIEBEN BESTEN ERSTE-HILFE-STRATEGIEN GEGEN ANGST

Angst ist ein körperlicher Zustand. Auch wenn er von Gefühlen oder Gedanken begleitet werden kann, spürst du das meiste doch auf der körperlichen Ebene – als Anspannung, Unruhe, flachen Atem, vielleicht Herzklopfen oder Schreckhaftigkeit. Und genau aus diesem Grund lässt sich Angst auch am leichtesten mithilfe des Körpers überwinden – indem du Mechanismen des vegetativen Nervensystems nutzt, um dich wieder in einen entspannten, aber handlungsfähigen Zustand zu bringen.

Die meisten der folgenden sieben Übungen wirken direkt auf das vegetative Nervensystem und aktivieren ähnlich wie Kuscheln und Schmusen den vorderen Vagusnerv. Damit schaffst du es, dich zu beruhigen und zu stabilisieren, auch wenn die Situation, in der du dich befindest, kritisch ist. Diese Übungen sind Erste Hilfe für den Körper nach dem Arschtritt. Wenn es mir schlecht gegangen ist, habe ich sie immer wieder genutzt und ich empfehle sie vielen Menschen in meiner Arbeit, die etwas Ähnliches erlebt haben wie du.

## MICHELS ATEMÜBUNG

Michel Gagné ist einer der weltbesten Mentaltrainer und Psychologen. Seit Jahren arbeitet er in Kanada und Malaysia mit

Spitzensportlern, Menschen also, die naturgemäß viele Krisen überwinden und mit extremer Anspannung umgehen müssen. Von ihm ist die folgende Atemübung, die du immer wieder genau dann anwenden kannst, wenn du spürst: Hilfe, die Spannung ist zu hoch, Angst taucht auf und sie hindert mich daran, klar zu denken. Das Praktische: Du kannst die Übung überall machen – im Sitzen, Liegen oder Stehen. Sie braucht gerade einmal drei Atemzüge.

◇ Atme durch den Mund aus. Hast du den Eindruck, deine Lunge ist leer, stoße geräuschvoll durch die gespitzten Lippen noch mehr Luft aus, bis wirklich keine Luft mehr kommt. Leere deine Lunge so weit es geht, viel weiter als bei einem »normalen« Atemzug.

◇ Nun atme kräftig durch die Nase ein, bis die Lunge voll ist. Am besten beginnst du damit, den Bauch mit Luft zu füllen und danach erst den Brustraum.

◇ Jetzt halte die Luft drei Sekunden an.

◇ Wiederhole die Schritte 1 bis 3 noch zweimal. Nachdem du die Luft das letzte Mal angehalten hast, lässt du den Atem einfach weiterfließen – so wie es sich gut anfühlt. Du wirst bemerken, dass du automatisch viel tiefer und ruhiger atmest als vorher.

---

## AUGENÜBUNG

Diese Übung stammt von Dr. Vera Hupe und wirkt entspannend in jeder Art von Krise und auch sonst immer, wenn du dich aus irgendeinem Grund unruhig oder ängstlich fühlst. Und auch diese Übung braucht ganz wenig Zeit. Du kannst sie also einfach bei Bedarf einsetzen.

Du musst zurück in die Firma, die dich gefeuert hat, um Papiere abzuholen? Nutze die Übung, bevor du das Betriebsgelände betrittst. Du hast einen Gerichtstermin mit dem Ex und bist nervös? Suche eine ruhige Ecke und nimm dir eine Minute Zeit zum Herunterfahren. Oder mache die Übung im Auto.

◇ Setze dich möglichst gerade hin und stelle deine Füße fest auf den Boden. Falte die Hände hinter dem Kopf und lehne den Kopf bequem in deine Hände. Halte Kopf und Blick geradeaus. Wenn kein Stuhl da ist, stelle dich gerade hin, lehne dich vielleicht an einer Wand an.

◇ Jetzt richte den Blick nach links, so weit es geht und für die Augen angenehm ist. Die Nase schaut dabei weiter nach vorne, nur die Augen bewegen sich. Halte den Blick so lange nach links gerichtet, bis du gähnen, schlucken oder seufzen musst.

◇ Anschließend bewegst du den Blick auf die rechte Seite und hältst ihn auch dort, bis du gähnen, schlucken oder seufzen musst.

## Bewegung

Intensive körperliche Bewegung hilft, den Körper auszupowern und dadurch die Energie und die Spannung in der Muskulatur abzubauen, die der Körper bei Angst zur Verfügung stellt, um zu kämpfen oder zu fliehen.

Rase mit dem Fahrrad bei Gegenwind ein paar Kilometer, so schnell du kannst. Renne im Park. Tanze zu Hause oder in der Disko. Hüpfe in deiner Wohnung auf der Stelle, bis du erschöpft bist, oder tobe dich auf dem Trampolin deiner Kinder aus. Springe Seil, mache Kniebeugen oder ein intensives Workout, bis du nicht mehr kannst. Putze deine Wohnung in einem Tempo, dass dir richtig warm dabei wird. Gehe an die frische Luft und renne, belege im Internet den härtesten Kurs, den du findest, sodass du nach dem Workout total verschwitzt unter die Dusche musst. Egal, wie du dich bewegst: Es darf und soll anstrengend sein. Danach wirst du dich wunderbar fühlen. Und die Energie, die durch die Anspannung zur Verfügung steht, hast du produktiv verbraucht!

## Lachen und singen

Hast du gewusst, dass 17 verschiedene Muskeln im Gesicht und noch 80 weitere Muskeln im restlichen Körper betätigt werden, wenn du lachst? Die Augenbrauen heben, die Augen verengen sich, der Atem fließt schneller und die Stimmbänder werden in Schwingung versetzt. Die Beine entspannen sich, das Zwerchfell wird aktiv. All das führt dazu, dass du dich entspannst. Wer lacht, kann auch nicht mehr streiten. Und wer lacht, hat auch keine Angst mehr.

Einer meiner Söhne erzählt wundervolle Witze. Egal, wie es mir gerade geht: Wenn er einen davon vom Stapel lässt, kann ich nichts anderes tun, als zu lachen – auch wenn ich den Witz eigentlich total blöd finde. Sofort ist die Welt wieder heller, die Anspannung verflogen. Vielleicht kennst du auch jemanden, den du um einen seiner besten Witze bitten kannst. Wenn nicht, tut es auch deine Lieblingscomedy. Oder ein Treffen oder ein Telefonat mit Freunden, die ständig am Blödeln sind, auch wenn gerade die Welt untergeht. Wenn sie dich angesteckt haben, bist du raus aus der Angst. Und Kinder, gerade kleine, bringen uns immer wieder zum Lachen. Glücklich ist, wer jetzt Kinder um sich hat. Bitte sie, Grimassen zu schneiden, spiele mit ihnen, kitzle sie … Du wirst nach kurzer Zeit mitlachen, egal, wie dunkel dein Leben gerade noch ausgesehen hat.

Notfalls kannst du auch einen Bleistift quer in die Mundwinkel legen. Oder singen. Dadurch werden nämlich dieselben Muskeln im Gesicht aktiviert, die du auch beim Lachen nutzt. Daher ist auch der Effekt ganz ähnlich. Nur so schnell wie beim Lachen geht es nicht: Zwei Minuten solltest du dir Zeit nehmen.

## Körperkontakt

Über die Bedeutung von Körperkontakt zu anderen Menschen oder Tieren habe ich bereits im Abschnitt über die Geborgenheit geschrieben. Wenn du Kinder hast, nimm sie jetzt noch häufiger in den Arm als sonst. Schmuse intensiv mit deinem Haustier. Wenn du allein lebst und kein Tier hast, suche den Kontakt zu Freunden, die dich in den Arm nehmen, oder lass dir eine Massage geben, ruhig auch zweimal in der Woche, bis das Schlimmste hinter dir liegt. All das signalisiert dem Körper Sicherheit und bringt ihn zurück in den Zustand, in dem Angst keine Chance hat.

## Die Heilkraft der Natur nutzen

Nach ein paar Stunden in freier Natur sind die meisten Menschen mit sich selbst im Frieden – auch jene, die bisher mit Wandern nicht viel anfangen konnten. Das Grün der Bäume im Wald wirkt beruhigend, genauso wie die Stille dort an einem verschneiten Tag. Ungestört auf einem Jägersitz am Rand einer Lichtung oder auf dem Gipfel eines Berges einfach nur ins Weite zu schauen – das hilft, den Kopf klar zu bekommen, und beruhigt die Seele. Am Ufer eines Sees oder am Strand entlangzulaufen hat den gleichen Effekt. Immer gilt: Je unberührter und wilder die Natur ist, umso schneller kommst du mit ihr und mit dir selbst in Kontakt. Nimm dir also, wenn es dir zeitlich irgendwie möglich ist, einige Stunden Zeit und ziehe deine Wanderschuhe an. Gehe querfeldein, stapfe durchs Brennnesselgestrüpp, wate durch einen Bach, besteige einen Berg oder laufe über Felder. Mache einen nächtlichen Spaziergang, am besten ohne Taschenlampe, da, wo du gerade genug siehst, um nicht vom Weg abzukommen. Gehe raus und nutze die heilende Kraft der Natur.

## Aktivität

Wenn du noch nicht weißt, was du tun kannst, um die Krise zu bewältigen, tue einfach irgendetwas. Wenn du aktiv bist, signalisierst du deinem Nervensystem, dass du handelst und etwas zur Lösung des Problems tust. Anstatt dich mit einer Tüte Gummibärchen auf die Couch zu legen, miste lieber den Keller aus, wasche dein Auto, grabe den Garten um oder gehe deinen Kleiderschrank durch, um dich von all dem zu trennen, was du eh schon lange nicht mehr angezogen hast. Irgendeine Aktivität, und ist sie noch so unsinnig, ist besser als gar keine.

Während du etwas machst, tauchen dann häufig auch neue Ideen auf. Erste Möglichkeiten zur Krisenbewältigung tun sich auf, die dir beim tatenlosen Grübeln nicht gekommen wären. Aktivität tut gut, sie holt dich aus der Panik und nutzt die vorhandene Energie sinnvoll.

# WENN DU DICH WIEDER RUHIGER FÜHLST ...

... ist die Krise zwar noch nicht vorbei. Aber immerhin ist schon mal die wichtigste Hürde genommen. Denn jetzt kannst du damit anfangen, das zu tun, was dich in die neue richtige Richtung bringt und was dir dabei hilft zu verstehen, wo es in deinem Leben hingehen soll.

## LENKE DICH AB, ABER NICHT ZU SEHR

Wenn einen etwas aus dem Gleichgewicht bringt und man sich schrecklich fühlt, folgt man sehr gern dem Impuls, das schlimme Gefühl möglichst schnell loszuwerden. Eine beliebte Strategie: Ablenkung. Manche surfen im Internet, spielen oder schauen sich Filme an. Andere stürzen sich in eine neue Beziehung oder suchen intensive Reize, Alkohol oder Drogen, essen zu viel oder kaufen exzessiv ein. Das hilft erst einmal aus der inneren Not. Aber eben nur kurzfristig. Sobald die Ablenkung vorbei ist, ist auch die Krise wieder da und manchmal kommt zusätzlich noch ein dicker Kater dazu.

Sich abzulenken bringt also nur kurzfristig Entlastung. Tatsächlich ist es so, dass die Manöver zusätzlichen Stress im Nervensystem auslösen und die Lage dadurch noch mehr verschlimmern, anstatt sie zu entspannen – von den negativen Auswirkungen wie zum Beispiel einem leer geräumten Konto, das gleich die nächste Krise auslöst, ganz zu schweigen. Darum solltest du dich nur in Maßen von den Schmerzen des Arschtritts ablenken – gerade so lang, wie du brauchst, um Anlauf zu nehmen für neue Aktivitäten.

Wenn du dich ablenken möchtest, tue das mit Aktivitäten, die dich fit machen, anstatt einen Kater oder andere unangenehme Nebenwirkungen im Schlepptau zu haben. Zu den positiv wirksamen Aktivitäten gehören zum Beispiel Lesen, kreatives Arbeiten, jede Art von Bewegung und Sport, lange Spaziergänge, Gespräche mit Freunden, das Spielen mit Kindern, die Beschäftigung mit Tieren und Gartenarbeit, und wenn du spirituell bist, auch Gebete oder Meditationen. Wenn du danach wieder mit den Aufgaben konfrontiert wirst, die es zu lösen gilt, hast du einen klareren Kopf und neue Energie. Und die brauchst du, um weiterzukommen.

## SEI POSITIV – ABER RICHTIG

Alles wird gut? Nein! In einer Krise glaubst du das erst einmal nicht. Kein Wunder, ist doch gerade dein Leben zusammengebrochen – wenigstens ein Teil davon. Und die Zukunft sieht aus der Perspektive von heute düster aus.

Du solltest auf keinen Fall versuchen, dir das auszureden. Denn wenn du dir sagst, dass alles gar nicht so schlimm ist, wie es aussieht, wird zwar ein Teil deines Bewusstseins – derjenige, der weiß, dass du im Leben schon viele Herausforderungen gemeistert hast – zustimmen. Ein anderer Teil in dir jedoch – derjenige, der gerade Angst hat oder tief verletzt ist – wird vehement widersprechen. Dadurch entsteht ein innerer Streit, für den sich meistens keine Lösung findet. Du bleibst bei der Frage hängen, ob das, was du gerade erlebst, nun ein Glück oder eine Katastrophe ist. Dabei neigt sich die innere Waage umso mehr dem Negativen zu, je akuter der Schmerz ist. Das heißt: Positives Denken verkehrt sich in einer Krise ins Gegenteil. Am Ende bleibst du auf der Erkenntnis sitzen, dass alles schrecklich ist und es keinen Ausweg gibt. Das gilt übrigens auch für den Fall, in dem du gar nicht selbst den Arschtritt bekommen hast, sondern jemand, den du liebst. Komme bloß nicht auf die Idee, demjenigen zu sagen, dass alles gar nicht so schlimm ist und alles gut und sich schon von allein lösen wird. Denn dadurch verlierst du Glaubwürdigkeit, der andere fühlt sich komplett unverstanden und im schlimmsten Fall verlierst du sogar einen Freund. Nimm ihn oder sie lieber in den Arm und tröste ganz klassisch. »Hey, ich bin da. Ich verstehe dich. Es ist schlimm. Bleib ein bisschen hier und ruh dich aus. Komm, ich mache uns einen Tee. Ich bin für dich da. Hier kannst du erst mal Kraft schöpfen.« Mehr braucht es nicht.

Nimm an, was gerade schlimm ist. Es ist, wie es ist, und wahrscheinlich verlierst du gerade etwas, was dir richtig viel bedeutet. Etwas, das dir etwas Wichtiges gegeben hat, einen geliebten Menschen, Vertrauen, Sicherheit, eine Überzeugung, die deiner Welt Stabilität gegeben hat, vielleicht sogar den Glauben an das Leben. Egal, was es ist: Es ist schwierig, es ist schmerzhaft und es ist wichtig, das anzuerkennen. Leugnen und Verdrängen bringen dich nicht weiter.

Anschließend überlegst du dann, auf welche Ressourcen, also auf welche Stärken oder Kontakte du zurückgreifen kannst. Was kannst du gut? Was sind deine Fähigkeiten? Schreibe alles auf, was dir einfällt. Und dann überlege weiter: Wen kennst du, der dir jetzt helfen könnte? Wer tut dir gut? Wer sind deine Freunde, auf die du dich in der Not schon immer verlassen konntest? Wie hast du früher einmal eine heftige Krise bewältigt? Und was hast du daraus gelernt? Hast du vielleicht sogar schon einmal eine ähnliche Erfahrung gemacht? Oder kennst du jemanden, der bereits etwas Ähnliches erlebt hat und der daran gewachsen ist? Der dir Tipps geben könnte? Den du als Vorbild nutzen kannst? Wer könnte dich gerade gut beraten, wer könnte dir Trost spenden? Und was könntest du jetzt lernen, ja, was musst du lernen, damit du weiterkommst? Vielleicht hilft dir auch die folgende Frage weiter: Wenn es eine wichtige Lernaufgabe für dich in der jetzigen Krise gäbe, welche wäre das?

Sei offen für Unterstützung. Nimm alles an, was auftaucht. So lenkst du nach und nach den Fokus vom Problem zu seiner Lösung, vom Zusammenbruch zur neuen Entwicklung.

## HÖRE AUF, DICH ZU WEHREN

Der Reflex, gegen den Arschtritt des Lebens anzukämpfen, ist nachvollziehbar. Anfangs mag man nicht wahrhaben, was passiert ist. Es kann oder darf nicht sein. Es ist nicht fair. Es ist ungerecht. Du hast es nicht verdient. Aber es ist nun mal so. Es ist wirklich passiert.

Jeder Kampf gegen die Krise, jeder Versuch, das Geschehene ungeschehen zu machen, kostet Energie und hält dich im Alten fest. Wenn die Entwicklung ein Fluss ist, dann ist die Krise der Wasserfall. Zurück nach oben zu wollen ist ein hoffnungsloses Unterfangen. Es führt zu nichts Gutem und bewirkt viel Schlechtes: Erschöpfung, Verzweiflung und die Verlängerung der Krise. Die Energie, die sich entfalten möchte, der Fluss, der bereit ist, dich mitzunehmen, ist blockiert. Du kämpfst gegen dich selbst, du kämpfst gegen eine Strömung, die viel stärker ist als du. Aber im Dagegenkämpfen gibt es kein Vorankommen. Erst wenn du aufgibst, beginnt dich die Krise zu tragen, Energie wird frei und neue Perspektiven entstehen. Dieser Moment des Aufgebens ist der schwierigste von allen. Er ist der Scheitelpunkt der Krise. Bis dahin ist jeder Moment ein klein bisschen schmerzhafter als der vorherige. Doch jetzt kann sich der Schmerz richtig Bahn brechen – und im gleichen Augenblick beginnt auch die Heilung.

Nun zeigt sich die Magie des Loslassens. Alles, was du tun musst, ist, anzunehmen. Das bedeutet nicht, dass du gutheißen musst, was passiert ist. Du darfst es weiterhin sogar ganz schrecklich finden. Auch wenn du einiges bedauerst, etwas falsch gemacht hast, dich selbst einen Idioten schimpfst – es ist vorbei. Du kannst es nicht mehr ändern. Es ist passiert.

Vielleicht hast du jemanden verloren und bist sicher, nichts könnte jemals wieder gut werden. Vielleicht ist dein Leben in Gefahr und dir wird klar, dass vieles, was du noch tun wolltest, nicht mehr möglich sein wird. All diese Gedanken sind in Ordnung. Sie schmerzen. Sehr sogar. Trotzdem kannst du annehmen, dass es so gekommen ist, wie es gekommen ist. Das ist schwer und es ist eine große Entscheidung, die den größten Respekt verdient. Es ist eine Entscheidung für die Wahrheit: Hinzuschauen, was ist, nicht mehr mit der Vergangenheit zu hadern – und dann weiterzuleben.

Diese Entscheidung heilt. Sie ist der Beginn der Wandlung. Ohne diese Akzeptanz kannst du die Krise nicht für dich nutzen. Du bleibst dann in ihr hängen, zum Teil im Schmerz, zum Teil im Verdrängen, in Schuldgefühlen oder im Anklagen, indem du anderen oder jemand Bestimmten die Schuld an deinem Unglück gibst.

Den Schmerz anzunehmen verändert alles. Auch wenn du geglaubt hast, du könntest ihn nicht aushalten, erlebst du ihn nun als eine enorme Kraft, die Körper und Seele nachhaltig verändert. Viele berichten, dass sie innerhalb weniger Tage stark abgenommen haben oder eine störende Gewohnheit ablegen konnten, mit der sie sich ewig herumgequält haben. Sie erzählen von Momenten großen Glücks inmitten des Schmerzes, ohne dass sie eine Erklärung dafür hatten. Von einer tiefen inneren Ruhe. Von einem Gefühl der Befreiung. Von plötzlicher Liebe für sich selbst. Darum ist dieser Moment so entscheidend. Wehre dich nicht mehr. Nimm die Krise an, mit allem, was sie mit sich bringt – und vertraue. Sie wird dich leiten, genauso wie deine Seele dich leiten wird, die tief im Innern genau weiß, was gut für dich ist, wer du wirklich bist und wo du dich hineinentwickeln wirst.

# JETZT WIRD'S SPANNEND: WER WILLST DU SEIN?

In dem Moment, in dem du die Krise annimmst, bist du eingetaucht in den großen Fluss des Lebens. Du brauchst nichts Besonderes zu tun. Vieles wird dir in den nächsten Tagen und Wochen von ganz allein klar werden. Vieles wird heilen, ohne dass du verstehst, wie und warum. Und vieles wird neu entstehen, auch neues Glück – selbst wenn du vorher sicher warst, die Voraussetzungen dafür für immer verloren zu haben.

In dieser Phase kannst du ein paar Dinge tun, um klarer zu sehen, wenn du das möchtest. Manches wird aber auch ganz von allein klar werden. Krisen sind so machtvoll, dass du nicht viel über sie wissen musst. Hast du erst einmal losgelassen, geschieht ganz viel von selbst.

## FRAGE DICH NACH DEINEN WERTEN UND NACH DEM SINN

Wenn in der Krise dein bisheriges Leben zu einem guten Teil auf dem Kopf steht, ist der perfekte Moment gekommen, dich zu sortieren. Menschen haben ganz unterschiedliche Eigenschaften, ihre Persönlichkeit ist vielfältig – deine sicher auch. Du vertrittst viele verschiedene Werte und du vertrittst sie mit Sicherheit in verschiedenen Situationen unterschiedlich konsequent. So soll es häufiger vorkommen, dass ein knallharter und unnachgiebiger Manager wie Butter in der Sonne schmilzt, wenn sein kleiner Sohn ihn mit großen Augen bittend anschaut und ihn um ein Eis bittet. Wir sind eben alle nicht nur beispielsweise taff oder soft, sondern es gibt immer viele Facetten dazwischen.

Neben diesen flexiblen Werten gibt es in der Regel zwei Werte, die einen Menschen das ganze Leben lang konstant begleiten. Die häufigsten siehst du im Folgenden. Schaue, mit welchen du dich identifizieren kannst, und überprüfe ehrlich, ob du sie wirklich immer eingehalten hast, sogar in Krisen. Wenn ja, hast du deine Kernwerte gefunden.

## Was macht dich in der Tiefe aus?

Welche der folgenden Werte sind die, die für dich heilig sind, egal, was passiert? Wähle die zwei, die am besten zu dir passen, die dich wirklich ausmachen, immer und ohne Ausnahme!

◇ Kritisch
◇ Anspruchsvoll
◇ Bedächtig
◇ Bescheiden
◇ Kreativ
◇ Loyal
◇ Bodenständig
◇ Ruhig
◇ Überzeugend
◇ Pragmatisch
◇ Tatkräftig
◇ Entspannt
◇ Verrückt
◇ Zielorientiert
◇ Sozial
◇ Locker
◇ Flexibel
◇ Ordentlich
◇ Spontan
◇ Freundlich
◇ Liebevoll
◇ Unabhängig
◇ Leidenschaftlich

◇ Empathisch
◇ Neugierig
◇ Offen
◇ Vertrauensvoll
◇ Tolerant
◇ Leistungsorientiert
◇ Umsichtig
◇ Mutig
◇ Gelassen

Egal, was du nun tun möchtest: Achte darauf, dass deine Kernwerte dort einen wichtigen Platz finden und du sie nutzen kannst. Vielleicht musst du ja Entscheidungen treffen und stehst in einem Konflikt. Vielleicht hast du die Wahl zwischen zwei neuen Arbeitsstellen. Eine ist besser bezahlt. Dafür musst du für die andere nicht unter der Woche in eine andere Stadt und bist deswegen in der Nähe deiner Kinder. Dann hättest du mehr Zeit für sie. Andererseits könntet ihr euch dann keinen Sommerurlaub mehr leisten. Bevor du dir Rat von Menschen holst, die womöglich ganz andere Kernwerte haben als du selbst, sieh nach, welche der Optionen am besten zu deinen eigenen tiefen Werten passt.

Du solltest alle wichtigen Entscheidungen mit deinen Kernwerten abstimmen. Tust du etwas, bei dem einer dieser Werte auf der Strecke bleibt, verleugnest und verbiegst du dich total. Damit buchst du sofort die nächste Krise.

### Was soll man später einmal über dich erzählen?

Wenn du deinem wirklichen Selbst näher kommen willst und jetzt Entscheidungen treffen musst, kannst du auch folgende Übung nutzen:

◇ Schreibe auf, was man später einmal über dich erzählen soll. Stelle dir vor, Menschen, die dich geliebt haben, sprechen nach deinem Tod über dich. Stelle dir auch vor, dass du dein Leben so gut gelebt hast, wie es möglich war, und dass du alle deine Potenziale verwirklicht hast. Die Menschen, die über dich reden, schätzen dich und sehen das Gute, das du bewirkt hast. Schreibe auf, was sie über dich sagen sollen. Welche wichtigen Dinge hast du verwirklicht? Was musst du unbedingt tun, damit dein Leben sich gelohnt hat, damit du es stimmig gelebt hast?

◇ Nun überlege, wie du konkret handeln kannst in deiner jetzigen Situation, egal, wie verworren oder hoffnungslos sie aussieht, um dieser Erzählung näher zu kommen. So triffst du gute Entscheidungen, mit denen du dich auch noch in vielen Jahren wohlfühlen wirst.

## ZEIT FÜR DIE BILANZ

Wenn das Leben dir einen Arschtritt gibt, ist der Moment für eine ehrliche Bilanz. Einiges ist in der letzten Zeit schiefgelaufen, manches hast du übersehen. An bestimmten Stellen hast du dir vielleicht selbst in die Tasche gelogen. Damit dir das nicht noch einmal passiert, nimm dir etwas zum Schreiben.

### Welche Menschen sind dir wichtig?

Im ersten Schritt schreibst du alle Menschen auf, mit denen du persönlich in Kontakt bist. Dann alle, die du beruflich kennst und mit denen du zusammenarbeitest. Notiere nun ganz in Ruhe, welche dieser Kontakte dir wirklich wichtig sind, und zwar so wichtig, dass du sie künftig gut pflegen möchtest. Das sind die Menschen, die dir am Herzen liegen, die dich intensiv beschenken und mit denen du in tiefer Verbundenheit bist oder sein könntest. Das sind die wichtigen Kontakte. Auf sie solltest du die meiste Zeit verwenden.

Streiche nun die Kontakte an, die du behalten möchtest, weil sie angenehm oder hilfreich sind, ohne dass du besonders viel Zeit in sie investieren möchtest. Und dann handle danach.

## Welche Dinge sind dir wichtig?

Schreibe jetzt alles auf, was du besitzt: vom Haus bis zum Geschirr von Tante Waltraud. Wieder markierst du alles, was dir wirklich etwas bedeutet und was du unbedingt behalten möchtest, weil es dein Leben reich macht – und vielleicht weil es dich mit besonderen Menschen verbindet. Was uns am wichtigsten ist, haben wir häufig von jemandem bekommen, der uns wichtig ist. Das ist normal, denn Dinge an sich haben keinen wirklichen Wert. Sicher, wir brauchen ein paar Sachen, einen Kühlschrank zum Beispiel und eine Matratze. Aber wirklich hängen sollten wir daran nicht. Die Ausnahme sind Gegenstände, mit denen wir einen persönlichen Wert verbinden. Erinnerungen an besondere Erfahrungen.

Dann miste aus, alles, was du nicht mehr brauchst oder was schon seit Jahren Staub fängt auf den Regalen, obwohl es dir nicht gefällt. Es ist egal, wenn das jemanden stört. Du bist niemandem Rechenschaft schuldig und in einer Krise fällt dir das Trennen viel leichter als sonst. Nutze das! Du wirst sehen: Danach kannst du besser durchatmen.

## Welche Aktivitäten sind dir wichtig?

Als Nächstes schreibst du alle Aktivitäten nieder, die dein Alltag umfasst. Was tust du? Wie verbringst du deine Zeit? Mit wem und womit? Und tust du das gern?

Liste auch hier ganz akribisch und detailliert auf, was dir wichtig ist und vor allem was dir guttut. Vielleicht schaust du ja abends fern und findest das entspannend, kommst aber deshalb nicht dazu, deine Freunde zu treffen? Dann hilft dir das Glotzen nicht, sondern schadet. Differenziere auch, wenn du zum Beispiel denkst, dein Verein sei dir wichtig. Was ist es genau? Die Feiern mit den anderen, der Sport an sich, dein Traineramt oder die Tätigkeit als Kassier? Oft ist es nicht alles. Das ist wichtig zu wissen. Du kannst deine Lebenszeit ja nur einmal für etwas geben. Deshalb sei ganz ehrlich mit dir und mache deine Notizen ohne Tabus. Dann trenne dich von dem, was schwächt, und stärke das, was dir Kraft gibt. Vielleicht ist es auch an der Zeit, etwas ganz Neues zu machen.

## KÜMMERE DICH UM DEINE WICHTIGEN BEZIEHUNGEN – UND UM DEINE PAARBEZIEHUNG

Krisen sind für Beziehungen eine große Herausforderung – und eine große Chance! Denn du bist dann in Bewegung, bereit für Veränderungen und damit auch in der Lage, eine halbtote Beziehung wiederzubeleben. Wenn du in einer Krise steckst, stellt das deinen Partner oder die Partnerin meistens auch vor eine Herausforderung.

Damit deine Liebesbeziehung der Krise nicht zum Opfer fällt, nimm Rücksicht. Stoße deine oder deinen Liebsten nicht vor den Kopf. Suche Raum und Zeit, um zu sprechen und mitzuteilen, was gerade bei dir passiert, warum das passiert, wie es dir damit geht und welche Fragen du dir deshalb gerade stellst. Berichte auch ganz ehrlich, welche Bedürfnisse du im Moment hast, was du in der Krise brauchst und was du vielleicht eine Zeit lang nicht geben kannst, obwohl du das bisher getan hast. Suche nach Wegen, die Unterstützung deiner Partnerin oder deines Partners zu gewinnen. Und nach Kompromissen, wenn der oder die andere sagt, dass das nicht geht oder er oder sie nicht will.

Es kann schwer sein, einem Partner oder einer Partnerin reinen Wein einzuschenken, wenn eine Krise da ist. Manchmal möchtest du ihn oder sie schonen – oder dich selbst. Aber es hilft alles nichts: Früher oder später kommt es eh raus. Sei also von Anfang an ehrlich.

Ehrlichkeit fällt übrigens nicht nur dann schwer, wenn eine Krise die Beziehung direkt betrifft. Genauso kann es sein, dass du über viele innere Schatten springen musst, um überhaupt zuzugeben, dass du gerade in der Luft hängst, dass du dich mit etwas quälst, und sei es mit dem Älterwerden. Tue es! Du hast, wenn du ehrlich bist, sowieso nicht wirklich eine Wahl.

Thorsten, ein erfolgreicher IT-Spezialist, arbeitet in einer Bank. Er ist für die Risikobewertung zuständig und verbringt den Tag mit komplizierten Berechnungen. Er ist in seinem Job hervorragend spezialisiert und verdient gut. Seine Partnerin Stella ist glücklich mit dem gut aussehenden jungen Mann, mit dem sie in eine schicke Wohnung in München gezogen ist. Was sie nicht weiß: Thorsten hat schon früher immer wieder unter Angstzuständen gelitten, aus denen er sich manchmal erst nach einigen Monaten befreien konnte. Dann war er oft tagelang arbeitsunfähig, ließ sich krankschreiben und zog sich, bis er sich wieder wohler fühlte, in sein Zimmer bei seinen Eltern zurück, wo er bis in seine später Zwanziger noch gewohnt hatte. Wirklich gekümmert hatte er sich in diesen kleinen Krisen nie. Manchmal hatte er Medikamente genommen, sich aber nie wirklich dafür interessiert, was ihn denn da so aus der Bahn wirft. Und so kommt es, dass er wieder in so eine Krise rutscht. Nur lebt er nun nicht mehr bei seinen Eltern, die das schon kennen und auch wissen, dass sie mit niemandem darüber reden sollen. Er lebt bei Stella und er möchte nicht, dass sie von seiner Schwäche erfährt. Er verlässt das Haus jeden Morgen mit seinem Porsche, um zur Arbeit zu fahren, und kommt abends zurück. Als er eines Abends nicht nach Hause kommt, macht sie sich riesige Sorgen. Er ist auf dem Handy nicht zu erreichen und kommt erst zwei Tage später nach Hause: nach Alkohol stinkend, mit schmutzigen Kleidern, zu Fuß. Erst nach und nach erfährt Stella, dass Thorsten das letzte Mal vor vier Monaten bei der Arbeit war. Anstatt in die Bank zu fahren, hat er sich seitdem die Tage in Cafés und Spielcasinos um die Ohren geschlagen. Vor einem Monat hat er die Kündigung bekommen, fristlos, und der auf die Bank geleaste Porsche musste zurückgegeben werden. Er hat kein Geld mehr. Alles ausgegeben. Außerdem läuft ein Verfahren der Bank gegen ihn, weil er seine Passwörter nicht zurückgegeben hat. Er hat Angst vor einer Konfrontation und geht nicht ans Telefon, wenn die Bank anruft. Er hat sich immer tiefer in die Krise geritten.

Natürlich ist Stella entsetzt. Wie konnte er sie nur so täuschen? Sie wäre doch für ihn da gewesen, wenn er etwas gesagt hätte, hätte ihm geholfen, ihm einen Therapeuten gesucht, was auch immer. Nun kümmert sie sich um das Nötigste: dass Thorsten die Passwörter notiert und in einem Umschlag verschließt, den sie zur Bank bringt. Dann beendet sie die Beziehung – und weil auch sie durch den Schock in eine Krise geraten ist, lernte ich sie kennen.

Zuzugeben, dass du dich in einer Krise befindest, ist die Voraussetzung dafür, dass deine Beziehung mit der neuen Energie ebenfalls aufblüht und mit dir wachsen kann. Es ist egal, wie schwer es scheint, dich zu überwinden. Du wirst sehen: Dein Leben wird reicher, wenn die Menschen, die dir am nächsten sind, deine Schritte mitgehen können. Selbst wenn sie am Anfang sauer auf dich sind. Thorsten hat sich viel zu spät mit seiner Krise geoutet. Hätte er es früher getan, wäre ihm Stella erhalten geblieben und er und Stella hätten gemeinsam an einem Strang ziehen können, um sein Problem zu lösen.

Die meisten Partner helfen gerne, wenn sie mit ins Boot geholt werden und wenn beide gut und offen miteinander sprechen können. Dafür gibt es eine wunderschöne Übung, die gerade dann hilfreich ist, wenn es viele schwierige Dinge zu besprechen gibt. Ich verrate sie dir.

## Die einfachste Paarübung der Welt – für gegenseitiges Verständnis

Nicht immer, wenn du das Gefühl hast, einen anderen Menschen verstanden zu haben, hast du ihn auch wirklich verstanden. Andersherum ist es genauso. Da sagt jemand: »Ich verstehe dich« und später stellt sich heraus, dass er etwas ganz anderes verstanden hat, als du gemeint hast.

Die folgende Übung hilft euch dabei, euch wirklich zuzuhören. Außerdem bietet sie einen Rahmen, in dem auch schwierige Dinge ausgesprochen werden können, ohne dass sie gleich zu Streit führen. Der Zuhörer darf nämlich nichts sagen, nichts kommentieren und auch nicht nachfragen.

Mithilfe dieser Übung können viele Missverständnisse vermieden werden und Mitgefühl für den anderen entstehen. Du musst nämlich immer davon ausgehen, dass dein Partner oder deine Partnerin nicht alle deine Bedürfnisse kennt, selbst wenn er oder sie das glaubt – und genauso kennst du seine oder ihre Bedürfnisse nicht. Gerade in Krisenzeiten ist es wichtig, sich dessen bewusst zu sein und herauszufinden, wie es dem jeweils anderen gerade geht und wie beide gut für sich selbst und den jeweils anderen sorgen können.

---

## EINANDER ZEHN MINUTEN ZUHÖREN

◇ Stellt einen Timer auf zehn Minuten. Jetzt darf einer von euch erzählen, was ihn gerade beschäftigt oder was er dem oder der anderen gern über sich selbst sagen möchte. Die oder der andere hört aufmerksam zu, ohne auf das Gesagte zu reagieren.

◇ Wenn nach zehn Minuten der Timer klingelt, bedankt sich der Zuhörer für das Mitgeteilte und der Sprecher bedankt sich fürs Zuhören.

◇ Nun werden die Rollen getauscht. Damit das Gesagte wirklich sicher ist, darf sich der zweite Sprecher aber nicht auf die Worte des ersten beziehen und zum Beispiel darauf reagieren. Stattdessen sagt er genau das, was er auch gesagt hätte, wenn er als Erster an der Reihe gewesen wäre.

◇ Wenn euch die Übung guttut, nehmt euch zweimal in der Woche dafür Zeit und findet neue Nähe!

# TAUCHE EIN IN DEN FLUSS

Nie ist die Seele so bereit für Veränderung wie jetzt, nie so durchlässig. Sie zittert von schöpferischer Energie und sendet dir permanent Impulse und Informationen. Nicht alle erscheinen in einer Form, die das Bewusstsein sofort versteht. Darum ist es wichtig, gut in dein Inneres hineinzuhören. Tue das immer mit großem Respekt und erkenne dich selbst zu hundert Prozent an – auch dann, wenn du dich gerade nicht verstehst.

In den folgenden Abschnitten findest du verschiedene Anregungen, die dir helfen zu verstehen, was nun für dich dran ist, was zu tun ist oder wohin du dich gerade entwickelst. Du musst nicht jede davon machen. Probiere aus, was dir interessant erscheint, und entscheide nach deinem eigenen Gefühl, was du gut verwenden kannst.

## SCHREIBE

Schreiben hilft dir nicht nur dabei, deine Gedanken zu sortieren. Manchmal wird man sich dadurch überhaupt erst der Gedanken bewusst, die man hat. Zudem werden viele Gedanken verständlicher und auch verbindlicher, wenn sie nicht nur in deinem Kopf herumgeistern, sondern du sie aufschreibst.

Meine Bekannte Sabine Frigge aus Freiburg, die Ghostwriterin ist, sagt: »Wer schreibt, der bleibt.« Das Gleiche gilt auch für Gedanken: Was schwarz auf weiß vor einem geschrieben steht, ist real. Jetzt kann es sich weiterentwickeln. Und manchmal hilft das Schreiben auch dabei, Gedanken eine neue Richtung zu geben, indem man einige weiterentwickelt und neugierig beobachtet, wo man damit am Ende herauskommt. Drei Möglichkeiten mag ich besonders gerne:

## Das klassische Tagebuch

In einem klassischen Tagebuch kannst du die Ereignisse des Tages festhalten. Wie fühlst du dich? Was war heute wichtig? Das Tagebuch dient als Zeuge, aber auch als imaginärer Ansprechpartner. Du kannst in ihm Fragen festhalten, die dich umtreiben. Oft tauchen schon in den folgenden Tagen erste Antworten darauf auf. Manchmal habe ich den Eindruck, als würde man beim Schreiben einfach ein paar seiner Fragen ans Unbewusste ins Tagebuch auslagern, wo sie sich dann weiterentwickeln.

Das Tagebuch hilft auch, die eigene Veränderung rückblickend nachzuvollziehen. Das kann enorm spannend sein!

## Das kreative Schreiben

Stelle deinen Wecker auf acht Minuten und schreibe genau diese acht Minuten lang in dein Tagebuch. Beginne mit einer Frage oder einem Thema, das dich intensiv beschäftigt. Daraus entsteht der erste Satz. Nun schreibst du weiter – ohne Unterbrechung. Das bedeutet, dass du immer genau das aufschreibst, was als Nächstes in dir hochploppt. Und wenn einmal nichts auftaucht, schreibst du eben: »nichts, nichts, nichts«, bis wieder ein Gedanke da ist.

Oft entwickeln sich mit dieser Methode ganz neue Zusammenhänge und dir wird plötzlich etwas klar. Das kreative Schreiben holt Gedanken aus dem Unterbewusstsein, die sonst keine Chance haben. Es ist eine spannende Übung, mit der du mehr über dich selbst erfahren wirst und die einen Versuch wert ist.

## Imaginäre Dialoge

Wenn du keinen Gesprächspartner hast, aber es einmal eine Person gab, mit der du gut sprechen konntest, kannst du dein Tagebuch auch in Briefform schreiben. Du beginnst wie bei einem Brief mit dem Datum und der Anrede und schreibst dann genau das, was du diesem Menschen sagen würdest, wenn er jetzt da wäre. Vielleicht fragst du ihn sogar um Rat. Wenn du möchtest, kannst du danach noch eine Antwort aufschreiben – so wie du sie von deinem »Gesprächspartner« bekommen hättest.

Das hilft beim inneren Sortieren. Die Technik aktiviert tiefes inneres Wissen, das bisher noch nicht nutzbar war.

## ACHTE AUF ZEICHEN

Mein Freund Stan aus Südafrika hat vor wenigen Jahren durch einen Brand sein berufliches Lebenswerk verloren. Zur gleichen Zeit ist auch seine Familie auseinandergebrochen. Er beschloss daraufhin, noch einmal von vorne anzufangen. Damals war er 68 Jahre alt.

Da er neben seinem psychologischen Studium auch traditionelles Heilwissen anwendete, war es für ihn selbstverständlich, auf Zeichen zu achten, die ihm seinen Weg weisen sollten. Das waren neben Träumen auch Erlebnisse. Er achtete auf Tiere, die in seiner Nähe auftauchten, unter anderem ein Adler, den er eines Tages am Himmel sah und zu dem er eine Verbindung spürte. Er wanderte Hunderte von Kilometern, bis er in ein kleines Dorf gelangte, in dem er weitere Zeichen fand, die ihm bedeuteten zu bleiben. Seitdem lebt er dort, um zu heilen. Er weiß weder, wie viele Jahre er dafür noch hat, noch, warum er gerade an diesen Ort gerufen wurde. Aber er spürt und weiß ganz sicher, dass er am richtigen Platz ist.

Vielen in westlichen Traditionen verhafteten Menschen mag ein so großes Vertrauen in das Leben suspekt sein. Trotzdem erleben Menschen in großen Krisen immer wieder, dass sie Ideen und Eingebungen haben, die ihnen den Weg zeigen. Sie beschreiben Momente großer Klarheit, in denen sie einfach wissen, dass etwas so ist, wie es ist, und so sein soll, wie es erscheint. Manche dieser Momente sind mystisch, unerklärbar und von enormer Kraft. Die meisten entstehen aus einer tiefen Verbindung mit der Natur oder in Momenten großen Schmerzes. Es kann sich also lohnen, dich ansprechen zu lassen von dem, was du erlebst, siehst und träumst. Es geht dabei nicht darum, die Zeichen zu verstehen. Es geht darum zu beobachten, was sie in dir auslösen, und dich so mit einem tieferen Wissen zu verbinden, zu dem der Verstand keinen Zugang hat.

## BEOBACHTE DEINE TRÄUME

Auch nachts im Traum schickt dir das Unterbewusstsein Zeichen und Informationen und du brauchst keine professionelle Traumdeutung oder Bücher, um diese Hinweise zu nutzen. Im Schnitt hat jeder von uns pro Nacht vier Träume. Nicht alle sind bedeutsam. Manche beschäftigen sich mit den Ereignissen des letzten Tages oder mit dem, was ansteht, dem Einkauf etwa. Interessant sind die blumigen, bunten und skurrilen Träume. Sie enthalten oft Informationen über das, womit sich dein Unbewusstes gerade beschäftigt, was es verarbeitet oder was es will.

Wenn du dich bisher nicht oder nur vage an Träume erinnern kannst, probiere Folgendes:

◇   Schlafe länger, wenn es geht. Wenn du ausgeschlafen bist, erinnerst du dich leichter an deine Träume.

◇   Lege ein Notizbuch und einen Stift direkt neben dein Bett, um Träume oder Traumfetzen sofort zu notieren, wenn du aufwachst und dich noch an sie erinnerst. Egal ob morgens oder nachts, wenn du aus einem Traum erwachst: Schreibe auf, was du geträumt hast und wie deine Stimmung in dem Traum war, was passiert ist und was du gedacht hast. Nach und nach wirst du dich an immer mehr Details erinnern, aus denen du etwas lernen kannst.

### Wie kannst du deine Träume verstehen?

Häufig kommen in Träumen verschiedene Personen vor. Das können Menschen aus deinem aktuellen Leben sein, Menschen von früher und solche, die du im echten Leben noch nie gesehen hast. Auch Tiere können deine Träume bevölkern.

Abseits aller Symbolik ist es wichtig zu wissen, dass du es bist, der oder die all diese Geschöpfe im Traum erschafft. Sie sind Bilder deines Unterbewusstseins. Stelle dir einfach vor, dass jedes Wesen, das in deinem Traum erscheint, einen Teil von dir selbst darstellt. Wenn du im Traum vor einem Mörder fliehst, bist du der oder die Flüchtende. Aber du bist auch der Mörder. Und wenn du das gleichzeitig auch noch lustig findest, stellt dieses Gefühl einen weiteren Teil deiner Persönlichkeit dar.

Nun kannst du dich fragen: Wovor laufe ich davon? Was in mir soll sterben? Oder was in mir möchte ich abtöten, obwohl es leben soll? Und was könnte daran lustig sein? Wer in mir nimmt das nicht ernst? Ist es überhaupt ernst?

Nicht alle diese Fragen führen zu hilfreichen Antworten. Aber wenn es nur eine davon tut, hast du schon etwas Wichtiges von dir selbst verstanden. Das kann sich weiterentwickeln. Oft taucht in einer der folgenden Nächte die nächste Information auf.

## ANGLE IDEEN

Kennst du das? Mitten im Alltag taucht eine total verrückte Idee auf, vielleicht sogar so verrückt, dass du sie gleich wieder verwirfst. »Ich kann ja einfach nach Australien auswandern« zum Beispiel. Schreibe sie auf und sammle diese Ideen. Ich führe dazu eine Liste auf Trello, weil ich mein Handy fast immer dabeihabe. Andere haben ein Notizbuch in der Tasche, in das sie solche Ideen schreiben. Stelle dir vor, die Ideen wären ein Fang beim Angeln. Wenn die Angel wackelt, weißt du noch nicht, was daranhängt. Deshalb holst du erst einmal alles aus dem Teich, was anbeißt. Da erscheinen Fische, kleine und große, und sicher auch ein paar Stiefel, Reifen oder sonstiger Müll. Nach einiger Zeit klärt sich dann, an welchen Ideen mehr dran ist.

# WERDE AKTIV!

Du hast jetzt schon viel darüber nachgedacht, wie du dich mit deinem inneren Wissen und Vertrauen verbinden kannst. Jetzt ist es Zeit fürs Handeln. Eine Krise löst du nicht auf, indem du sie nur verstehst. Es gibt auch sehr viel, was du aktiv dafür tun kannst, selbst wenn du noch keinen klaren Plan für alle nächsten Schritte hast.

Es geht darum, das Neue, das sich entwickeln will, zu unterstützen. Der Fluss der Energie hilft dir dabei. Nie ist es so einfach, Neues zu wagen, wie jetzt.

## TUE JEDEN TAG ETWAS,
## WAS DU NOCH NIE GETAN HAST

Wenn du Ideen brauchst, um dein Leben neu zu ordnen oder überhaupt zu wissen, in welche Richtung es gehen soll, hilft es sehr, das Gehirn darin zu unterstützen, überhaupt neue Wege zu gehen. So trainierst du es jeden Tag ein bisschen.

Tue einfach jeden Tag irgendetwas, das du noch nie getan hast. Egal, was es ist.

◇ Koche selbst, wenn du dein Essen bisher immer bestellt oder Fertiggerichte zubereitet hast. Und andersrum: Bestelle etwas, wenn du bisher immer selbst gekocht hast.

◇ Sprich einen fremden Menschen an und unterhalte dich ein bisschen mit ihm.

◇ Ziehe etwas an, was sonst nicht deinem Style entspricht.

◇ Frisiere dich anders.

◇ Wenn du bisher ferngesehen hast, lies ein Buch. Wenn du bisher gelesen hast, schaue dir eine Reportage oder einen Film an.

◇ Kaufe andere Dinge ein als sonst, trinke deinen Kaffee an einem anderen Ort als sonst oder nimm einen anderen Weg zur Arbeit.

◇ Putze deine Zähne mit der anderen Hand.

Mit dieser Methode trainierst du dein Gehirn ganz einfach auf mehr Kreativität und Erneuerung. Auch da, wo du bisher auf dem Schlauch gestanden bist, wirst du plötzlich Ideen haben. Du wirst sehen: Es klappt.

## TRENNE DICH – VON DINGEN, MENSCHEN UND ANSPRÜCHEN

Wenn deine Welt Kopf steht, siehst du die Welt aus einer neuen Perspektive. Die Prioritäten verändern sich schlagartig und viele Dinge bekommen eine andere Gewichtung.

Als mein Sohn im Alter von acht Jahren nach einer Operation fast sein Leben verloren hätte und wir einige Wochen nicht sicher waren, ob wir ihn wieder gesund nach Hause mitnehmen können, haben sich meine Prioritäten hinsichtlich meiner Kinder komplett verändert. Super Noten in der Schule waren total unwichtig. Schicke Klamotten? Egal. Wenn meine Tochter zu ihrem Tüllrock eine Jeans und Gummistiefel tragen wollte: bitte schön. Ganz nebenbei hätte sie damit fast einen Trend in der Kita ausgelöst, hätten ihn die anderen Eltern nicht schnell unterbunden. Streit zwischen den Kindern? War okay. Wichtig war, ihnen Stärke mitzugeben, Selbstständigkeit, kritisches Denken und eine gesunde Lebensweise. Alles andere war jetzt vollkommen nebensächlich geworden.

Bestimmte Vorstellungen und Erwartungen verschwinden in harten Krisen ganz von selbst. Von anderem müssen wir uns aktiv trennen. Aber auch dafür ist eine Krise der beste Moment: Wir haben in ihr gefühlt schon so viel verloren, dass wir gar nichts mehr zu verlieren haben. Deshalb können wir besonders leicht loslassen.

Wenn du Zeit hast, miste deine Wohnung aus. Es wird dir nie leichter fallen, dich von überflüssigen Sachen zu trennen. Verschenke sie möglichst schnell oder wirf weg, was keiner mehr braucht. Entrümple auch deinen Computer und dein Smartphone. Alte Filme, Bilder, Kontakte: Weg mit allem, was nicht mehr zu dir passt. Du wirst dich befreit fühlen. Gleichzeitig wirst du merken, was dir wirklich wichtig ist und was du unbedingt behalten möchtest. Gut so! Das sind die wichtigen Menschen, die wichtigen Erinnerungen und die wichtigen Dinge.

Vielleicht verändert sich auch dein Freundeskreis. Nicht immer stehen Freunde an deiner Seite, wenn sich dein Leben gerade massiv verändert. Manchen ist das zu anstrengend, andere bekommen Angst. Der Grund dafür: Sie fürchten sich vor einer ähnlichen Krise und schon die Beschäftigung mit jemandem, der sie gerade erlebt, kann diese Angst aktivieren. Ich erlebe das häufig bei Menschen, die schwer erkrankt sind, zum Beispiel an Krebs. Einige ihrer Freunde sind in der schwierigen Zeit sofort da und bieten Hilfe an, andere lassen nichts von sich hören, obwohl man sie gerade jetzt bräuchte.

Bevor du aber in so einer Situation deinen Freundeskreis radikal verkleinerst, solltest du den anderen eine Chance geben. Einige gehen nämlich nur deshalb auf Abstand, weil sie sich mit der Situation überfordert fühlen und nicht wissen, was sie tun können oder sollen. Sie haben Angst und flüchten, geraten also selbst in eine Krise. Sie melden sich nicht, weil sie nicht an deiner Seite sein wollen, sondern weil sie es im Moment nicht können. Gut ist es, diese Menschen anzurufen und ihnen zu sagen, in welcher Form sie dich ganz konkret unterstützen können. Beispielsweise so: »Ich würde mich freuen, wenn du mich mal zum Tee einladen würdest. Bitte frag mich dann nicht nach den Details meiner Behandlung. Es ist im Moment für mich belastend, darüber zu reden. Ich brauche aber wieder mal ein bisschen Normalität.« Vielen Freunden gibt das Orientierung und sie sind dann für dich da.

## SUCHE NEUE BEZIEHUNGEN UND LASS ALTE WIEDERAUFLEBEN

Wenn sich in Krisen dein Umfeld verändert, ist die Gelegenheit gut, neue Freunde zu finden oder alte Freundschaften wiederzubeleben. Manche Leute um dich herum passen nicht mehr so gut zu dir, wenn du dich stark veränderst, und andere, die du bisher nicht besonders interessant fandest, werden das nun. Gehe offen auf neue Menschen zu, verabrede dich spontan, lade jemanden zum Kaffee ein, den du sympathisch findest, oder feiere ein Fest mit fünf Freunden, die jeweils noch einen netten Menschen mitbringen sollen, den du noch nicht kennst.

Was das betrifft, konnten wir während Corona von den Italienern lernen. Sie haben sich schon ganz schnell nach Beginn des Lockdowns mit Freunden zum Apero verabredet: per Internettelefonie, mit einem Gläschen auf dem Balkon. Das geht auch ohne kostspielige Technik. Mit der App »Zoom« etwa kannst du bereits mit der kostenfreien Version eine Dreiviertelstunde lang mit mehreren Freunden gleichzeitig feiern. Oder mit einer guten Freundin über WhatsApp-Video. Du kannst eine Nachbarin einladen, die du noch nicht kennst, oder bei der alten Dame ein paar Häuser weiter mit einem Kuchen klingeln.

Im Homeoffice, in dem einige in die Krise rutschen und sich allein schnell einsam fühlen, nutzen manche Unternehmen vermehrt Tools, mit denen Mitarbeiter einander nach dem Zufallsprinzip zugelost werden, um einen gemeinsamen Kaffee zu trinken – digital oder live. Auch das lässt neue Verbindungen entstehen, die man sonst vielleicht nie gefunden hätte.

Vielleicht ist ein Arschtritt für Singles der Moment, an dem sie merken, dass sie sich doch eine Partnerschaft wünschen. Dann ist der beste Moment dafür jetzt. In der pulsierenden Lebendigkeit der Krise wirst du besonders anziehend.

Du kannst auch auf experimentelle Weise ganz neue Freunde finden, so wie meine Klientin Maria. Sie hat sich im Herbst nach einer langen und unglücklichen Beziehung von ihrem Partner getrennt. Die folgenden Monate waren extrem schwierig. Maria hatte zu wenig Geld für die Wohnung, die sie sich gesucht hatte, und musste noch einmal umziehen. Die gemeinsamen Freunde »hielten« zu ihrem Expartner, sie war isoliert und stand plötzlich ganz allein da, fühlte sich von vielen ihrer Freunde verraten und war einsam. Als Maria Ende November bewusst wurde, dass sie Weihnachten wohl allein feiern würde, beschloss sie, ein Inserat aufzugeben und zum Fest ein paar Gleichaltrige zu sich nach Hause einzuladen – ohne sich vorher zu treffen. Es meldeten sich einige Leute auf die Anzeige, sie telefonierten ein paar Mal und schließlich lud Maria sieben ein. Es war ein eigenartiger, aber trotzdem sehr lustiger Abend und mit zwei der Gäste ist sie inzwischen befreundet.

Ich selbst habe als Jugendliche noch Brieffreundschaften geführt und mich mit Menschen, die ich im Alltag (so gut wie) nie gesehen habe, teilweise über sehr persönliche Dinge ausgetauscht. In Zeiten von E-Mail und Videochat ist diese Art der Kommunikation viel einfacher geworden. Warum nicht auch an diese Tradition anknüpfen?

Sei mutig! Probiere etwas aus. Du hast nichts zu verlieren, aber alles zu gewinnen. Wenn sich jemand unerwarteterweise als Unsympath herausstellt und du den Kontakt wieder abbrichst, bist du auch nicht einsamer als vorher. Dagegen wirst du überraschend viele wunderbare Menschen kennenlernen.

Auch ganz alte Freundschaften können in diesen Situationen wiederaufleben. Wenn du dein Adressbuch durchforstest, findest du sicher einige Leute, die du schon lange nicht mehr gesehen, aber einmal sehr gemocht hast. Zeit, sie zu suchen und ihnen eine Nachricht zu schicken. Vielleicht findest du sie auf Facebook, LinkedIn oder XING, bei Instagram oder telegram. Vielleicht hat ein alter Schulfreund noch eine Adresse von ihnen oder die Eltern leben noch in der Stadt und können dir die Kontaktdaten geben.

## NIMM HILFE AN

Geteiltes Leid ist halbes Leid. Das stimmt. Eine Krise, die du ganz allein auf deinen Schultern tragen musst, ist doppelt so schwer. Vielleicht findest du Menschen, die gerade genau die gleiche Erfahrung machen wie du? Schließt euch zusammen!

Wenn du eine Krankheitsdiagnose erhalten hast, kann eine Selbsthilfegruppe ein guter Ort für Unterstützung sein. Wenn ein Arzt diesbezüglich nicht weiterhelfen kann, haben meistens die Landratsämter Adressen von Selbsthilfegruppen in deiner Gegend und stellen sie gern zur Verfügung. Es gibt aber auch überregionale Gruppen, die du im Internet findest.

Für Menschen in Konfliktsituationen gibt es ebenfalls Beratungsangebote. Familienberatungsstellen können in Beziehungskrisen oder bei Problemen mit den Kindern weiterhelfen.

Wenn du dir etwas von der Seele reden musst, aber nicht sicher bist, ob du deine Nächsten damit belasten kannst, oder gerade niemand erreichbar ist, findest du bei der Telefonseelsorge geschulte Gesprächspartner, die Zeit und Geduld haben, dir zuzuhören, und den nächsten Schritt mit dir gehen können.

Darüber hinaus tut es gut, mit Menschen zusammen zu sein, die dich mögen – egal, wer das ist. Suche Kontakt und öffne dich. Es ist keine Schande, verheulte Augen zu haben oder mal keine tolle Stimmung in den Freundeskreis zu bringen. Mache dir bewusst, dass du auch für einen der anderen da wärst, würde er gerade an deiner Stelle in der Klemme sitzen.

## HILF ANDEREN

Das klingt auf den ersten Blick unlogisch: Du hast gerade einen Arschtritt bekommen, brauchst selbst Unterstützung und sollst jetzt auch noch anderen helfen? Genau! Denn helfen hilft.

Indem du anderen hilfst, spürst du wieder deine eigene Kompetenz und Kraft. Andere zu unterstützen gibt dir das Gefühl von Kontrolle zurück. Du spürst: Du kannst eine Menge. Dann merkst du wieder, dass du dir auch selbst helfen kannst. Oder du traust dich, selbst Hilfe anzunehmen. Das stärkt das Selbst, es macht dich mutiger und zuversichtlicher.

Das sind meine Lieblingsfragen:

◇ Kann ich irgendetwas für dich tun?

◇ Kann ich dir irgendwie helfen?

Und es kommen spannende, oft unerwartete Antworten darauf, wie zum Beispiel:

◇ Ich brauche einen Rat. Was würdest du tun, wenn …?

◇ Mein Elektriker hat keine Zeit, aber mein Herd ist kaputt. Kennst du einen, der kommen würde?

◇ Weißt du ein gutes Buch für mich?

◇ Hast du mal Zeit für einen Spaziergang?

◇ Fährst du in den nächsten Tagen in den Drogeriemarkt? Und wenn ja: Kannst du mir etwas mitbringen?

◇ Hast du Hefe? Ich möchte ein Brot backen, aber als ich einkaufen war, gab es keine mehr.

All das kostet mich keine große Mühe. Es freut mich und die anderen freut es auch. Kleine Aktion, große Wirkung!

## Stärke dich selbst und werde gesund

Manchmal erlauben wir dem Zahn der Zeit, an uns zu nagen. Wir sind nicht in Form und haben vielleicht schon eine Weile die Kontrolle über uns selbst verloren. Wir haben zu wenig geschlafen, uns vielleicht schlecht ernährt oder zu viel getrunken. Zeit, das zu ändern – gerade jetzt! Denn sobald wir eingetaucht sind in den Fluss, werden auch diese Veränderungen leicht. Vieles kannst du jetzt ganz leicht schaffen. Stecke dir ein klares Ziel und gehe noch heute den ersten Schritt. Sorge dafür, dass du gesund wirst und dass dein Körper wieder fit und stark sein darf. Gehe raus, bewege dich, sorge dafür, dass du überflüssige Kilos loswirst, dein Immunsystem stärkst und beweglich wirst. Meditiere regelmäßig und stelle deine Ernährung um.

Stärke auch deine Psyche und mehre dein Wissen. Lerne eine Sprache, lies Bücher, die dich interessieren, anstatt dich vom Fernseher berieseln zu lassen. Triff heute die Entscheidung, fitter und schlauer aus der Krise zu kommen, als du hineingegangen bist. Erneuere dich. Erfinde dich neu. Jetzt ist es möglich.

Hole dir ruhig auch Hilfe durch einen Coach. Du brichst dir damit keinen Zacken aus der Krone, im Gegenteil: Du beweist dir damit, dass du es ernst meinst. Lies Bücher, die dich dabei unterstützen, dich selbst besser zu verstehen und dein Potenzial zu entfalten, im Hier und Jetzt anzukommen oder alte Prägungen loszuwerden.

Melde dich zu Seminaren an, die dich stärken und herausfordern. Jede Stunde, die du für dich nutzt, lohnt sich vielfach.

## STÄRKENDE AKTIVITÄTEN SUCHEN

Außerdem kannst du vermehrt Dinge tun, die dir Kraft geben und Spaß machen. Du zockst gern? Suche dir Menschen, die das ebenfalls lieben, und trefft euch zum Spielen, live oder online. Oder hole zu Hause den Karton mit den Gesellschaftsspielen vom Speicher. Monopoly, Mensch ärgere dich nicht, Siedler von Catan? Wunderbar! Vielleicht wolltest du auch schon immer Schach lernen. Jetzt ist die Zeit dafür.

Du wolltest schon immer mehr über die Pyramiden wissen und die Geschichte des alten Ägyptens? Lies Bücher, informiere dich über Museen und plane eine Reise, um das, was dich fasziniert, mit eigenen Augen zu sehen und zu erleben. Und schaue auf den Websites der Museen nach: Einige bieten schon digitale Rundgänge an.

Du möchtest besser Englisch können? Schaue Filme und Youtube-Videos künftig in Originalsprache, lies einen Comic auf Englisch oder spiele online Computerspiele mit Leuten, die sich auf Englisch unterhalten. Nicht wenige Schüler lernen auf diese Weise mehr als in der Schule.

Koche mit Leidenschaft und lade einen netten Menschen zum Essen oder gemeinsamen Kochen ein. Probiere neue Hobbys aus, informiere dich über Vereine, um herauszufinden, ob du dich in einem engagieren möchtest oder ob es dort ein Angebot gibt, das dich reizt. Vielleicht magst du dir aber auch ein altes Motorrad kaufen. Dann hole dir Hilfe beim Herrichten – und genieße später den Sommer auf zwei Rädern. Melde dich zu einem Malkurs an oder plane eine Exkursion. Du bist frei! Du entscheidest, womit du deine Zeit verbringen möchtest – jeden Tag aufs Neue. Warum mit allem genauso weitermachen, wie es war? Vielleicht hast du gerade jetzt die Chance, deinen bisherigen Alltag zu überprüfen, der dir bis jetzt »normal« vorkam – und ihn zu verändern.

Sprenge die alten Grenzen, probiere Neues aus und tue das, was du schon immer mal machen wolltest. Auch wenn du dich bisher noch nie getraut hast.

## VERFOLGE GROSSE ZIELE

Du hast dir bisher vieles nicht zugetraut? Probiere es aus! Denn die Energie, die der Arschtritt freisetzt, kann Berge versetzen. Nimm dir deshalb Zeit aufzuschreiben, was du immer schon mal gerne gemacht hättest. Egal, ob du schon einmal daran gescheitert bist oder dich einfach noch nicht getraut hast: Jetzt ist der richtige Moment. Jetzt wirst du genug Kraft haben, dein Ziel zu verfolgen.

Gerade jetzt hast du allen Grund, dir mehr als jemals zuvor zu vertrauen. Diese Krise ist nicht die erste, die du erlebst, und mit jeder Krise davor bist du schon stärker und reifer geworden.

Was möchtest du erreichen? Wonach sehnst du dich tief in deinem Herzen schon lang? Was braucht es, damit dein Leben sinnvoller ist? Womit möchtest du dich zeigen, was willst du in die Welt bringen? Traue dich! Fange sofort an. Und tue jeden Tag etwas dafür, dass es gelingt. Es liegt in deiner Hand.

# NACH DER KRISE IST VOR DER KRISE

Neben allem, was dir hilft, Krisen zu überwinden, kannst du dich auch für kommende Krisen stark machen. Im diesem Kapitel lernst du dein seelisches Immunsystem kennen.

# WUNDERWAFFE RESILIENZ – PSYCHISCHE STÄRKE!

Jeder Arschtritt, den dir das Leben verpasst, macht dich stärker – sei er auch noch so heftig. Je mehr Krisen du hinter dir hast, umso schneller wirst du mit der nächsten zurechtkommen. Krisen härten dich ab. Das hat nichts mit Abstumpfung zu tun, das entspräche ja einem emotionalen Dichtmachen. Abgestumpfte Menschen tun sich ganz im Gegenteil in Krisen sehr schwer, weil sie psychisch wenig beweglich sind. Genau das Gegenteil ist der Fall, wenn du schon viele Krisen gut bewältigt hast. Du besitzt dann mehr Tiefe, mehr Verständnis, mehr Mut und deshalb bist du viel beweglicher. Du merkst, wann der Punkt gekommen ist, an dem es kein Zurück mehr gibt, und du lässt los. Du lässt dich vom Fluss davontragen, anstatt bis zur völligen Erschöpfung gegen den Strom zu schwimmen. Du weißt: Nach diesem Moment kommt die Kraft. Ab jetzt kannst du kreativ sein und das Leben wird dich reich beschenken. Du tauchst ein in tiefe Energie und Lebendigkeit.

Es gibt aber noch eine weitere Möglichkeit, wie du diese psychische Widerstandskraft erreichen kannst, auch wenn gerade keine Krise vor der Tür steht, in der du das trainieren kannst. Sie heißt: Resilienz.

## DAS IMMUNSYSTEM DER SEELE

Der Körper verfügt über ein ausgeklügeltes System, um sich gegen negative Einflüsse von außen zu wehren: das Immunsystem. Haut und Darm sind ein Schutzschild und viele verschiedene

Zellen passen als Körperpolizei überall in uns auf, dass Krankheitserreger, Giftstoffe und veränderte Zellen keine Chance haben, uns zu schaden. Je stabiler das Immunsystem ist, umso mehr kann der Körper aushalten und abwehren. Manche Menschen werden jahrelang nicht krank, auch wenn sie sich im Winter mal kalte Füße holen oder von hustenden Mitmenschen umgeben sind.

Aber nicht nur der Körper, auch die Seele hat ein »Immunsystem«, das sie vor Krankheiten und Verletzungen schützt. Es heißt Resilienz. Je größer die Resilienz eines Menschen ist, umso weniger kann ihn umhauen. Er ist damit natürlich auch besser gegen Krisen gewappnet. Bis ihn etwas wirklich aus der Bahn wirft, muss viel passieren. Zudem kann er viel schneller und kreativer auf ungewohnte Herausforderungen reagieren, oft schon, bevor es richtig knallt.

## Wie Resilienz beim Starkbleiben hilft

1998 kamen bei einem ICE-Unfall bei Eschede 101 Menschen ums Leben, 88 wurden schwer verletzt aus den Trümmern des Zuges geborgen. Weitere 106 überstanden den Unfall leicht oder unverletzt. Mehrere Hundert Einsatzkräfte waren bei den Bergungsarbeiten vor Ort oder in den Kliniken ringsum beschäftigt, um die Verletzten zu versorgen.

Als das Unglück geschah, kümmerte man sich allerdings ausschließlich um die körperlichen Verletzungen der Menschen. Kriseninterventionsteams, die psychologische Erste Hilfe leisten und sich auch um die Helfer kümmern, waren damals noch nicht im Einsatz. Erst Jahre später stellte sich heraus, dass auch etwa die Hälfte der Einsatzkräfte unter posttraumatischen Belastungsstörungen litten, die sich zum Beispiel in Ängsten, Schlafstörungen, Flashbacks, also plötzlichen Erinnerungen an den Unfall, depressiven Stimmungen oder Suchtverhalten bemerkbar machten. Wie hoch mag die Zahl erst bei den Unfallopfern gewesen sein?

Zum Glück führte diese Erfahrung dazu, dass heute bei Katastrophenfällen noch vor Ort speziell ausgebildete Psychologen eingesetzt werden, die seelische Erste Hilfe leisten und nach den psychischen Belangen der Opfer, aber auch jener der Helfer schauen.

In den Jahren nach Eschede bin ich bis zur Geburt meines zweiten Kindes selbst in dieser Funktion Einsätze mit der Feuerwehr gefahren und habe vor Ort erlebt, unter welchen großen Anforderungen die Menschen arbeiten, aber auch wie heftig Unfälle oder Brände Menschen aus der Bahn werfen. Ich fing zum Beispiel in einer Nacht einen Mann ein, der nach einem Unfall aus dem Fahrzeug gestolpert war und nun ziellos über die gesperrte Autobahn lief. Er selbst war zwar nur leicht verletzt, seine beiden Mitfahrer aber hatten gerade den Tod gefunden. Er war kaum ansprechbar und befand sich seit mindestens einer Stunde im Schockzustand.

Bei einem anderen Einsatz fiel einer Mutter erst Stunden nach einem erfolgreich gelöschten Küchenbrand ein, dass sie ihr Kind die ganze Zeit nicht mehr gesehen hatte. Die Kleine spielte zum Glück seelenruhig in Nachbars Garten, wäre aber fast vergessen worden.

Unter normalen Umständen ist das schwer vorstellbar. Aber Krisen sind Ausnahmesituationen und sie versetzen die Beteiligten erst einmal in einen Ausnahmezustand. Menschen sind dann seelisch sehr leicht verletzbar und können manchmal Schäden davontragen.

Das ist aber nur die eine Seite der Medaille. Genauso nämlich stellte man einige Jahre nach Eschede fest, dass andere Helfer und Opfer des Unfalls langfristig sogar besser und glücklicher als vorher lebten. Wie hatten sie das geschafft? Wo lag der Unterschied? Hatten diese Menschen einfach nur Glück?

Nein! Sie hatten vielmehr etwas, was ihnen half: eine starke Resilienz – psychische Widerstandskraft. Was es damit auf sich hat, erfährst du jetzt.

## Was genau ist Resilienz?

Das Wort Resilienz stammt ursprünglich aus der Physik. Es bezeichnet die Fähigkeit eines Gegenstands, nach einer Belastung in seine ursprüngliche Form zurückzukehren. Perfekt resilient ist zum Beispiel ein Schwamm: Man kann ihn mehrere Stunden zusammendrücken, doch sobald man loslässt, sieht er wieder aus wie vorher.

Auf die Psyche übertragen hinkt dieser Vergleich natürlich gewaltig. Denn wenn diese mit einer starken Belastung konfrontiert ist, in unserem Fall mit einer Krise, ist sie hinterher auf gar keinen Fall genauso wie vorher. Die Frage ist viel eher: In welche Richtung entwickelt sie sich durch die Belastung? Wird die Psyche geschwächt? Oder wächst sie über sich hinaus?

Die amerikanische Entwicklungspsychologin Ann S. Masten war eine der ersten Forscherinnen, die sich für Resilienz interessiert haben. Sie nennt Resilienz »einen Prozess und die Fähigkeit, eine erfolgreiche Anpassung vorzunehmen«. Zu bemerken, dass eine Veränderung stattgefunden hat, und das eigene Verhalten, aber auch die eigenen Denkmodelle dementsprechend zu verändern, sodass sie wieder mit der Realität zusammenpassen.

Wir wissen aus der Medizin, dass sich das körpereigene Immunsystem ein Leben lang entwickelt. Einen Teil ihrer Abwehrkräfte bekommen Babys von ihren Müttern mit, über die Muttermilch und auch schon während der Geburt. Der Rest entsteht anhand zahlreicher Kontakte mit ganz unterschiedlichen Krankheitserregern. Je mehr Möglichkeiten es diesbezüglich gibt, etwa weil ein Kind auf dem Land aufwächst und neben einem Misthaufen spielt, wo es Erreger in Hülle und Fülle gibt, umso stärker wird das Immunsystem und umso leichter kann es später mit Angriffen umgehen. Abgesehen von dieser »Grundimmunisierung« gibt es Faktoren, die die Abwehrkräfte des Körpers zusätzlich stärken – Vitamine, Bewegung und frische Luft etwa oder auch Saunagänge oder morgendliches kaltes Duschen. So können wir jeden Tag etwas für unsere Gesundheit tun.

Genauso ist es mit der Resilienz. Auch sie entwickelt sich das ganze Leben über. Einen kleinen Teil davon bekommen wir ebenfalls mit auf die Reise: Kinder von Eltern, die über eine starke innerliche Sicherheit verfügen und eher gelassen und tatkräftig durch Krisen gehen, gelingt das ebenfalls leichter. Der größte Teil aber entwickelt sich später – unter anderem durch Arschtritte. Die können nämlich durchaus schon im Kindesalter auftreten. Doch auch Kinder können an ihnen wachsen. Es ist deshalb schädlich, sie in Watte zu packen, anstatt ihnen zuzumuten, schon früh und altersgemäß Herausforderungen zu bewältigen. Lieber auf Bäume klettern und auf Mauern balancieren, eine gute Stabilität gewinnen, an Nachbars Kirschen herankommen und sich dabei das Knie aufschürfen, Ärger mit dem Nachbarn kriegen oder sich auch mal den Arm brechen, als nie etwas zu wagen.

Zusätzlich zur erlernten Krisen- und Katastrophenfestigkeit kann man ähnlich der körperlichen Abhärtung schon vorbeugend eine ganze Menge für die eigene Resilienz tun. Doch dazu gleich mehr.

## Warum kommt leichter durch eine Krise, wer resilient ist?

Wenn uns ein fieses Virus angreift, reagiert unser körpereigenes Immunsystem so gut es kann. Je stärker und je besser trainiert es ist, umso besser sind die Chancen, dass es schnell mit den Viren fertigwird. Ist es dagegen schwach und wenig trainiert, kann eine schwere Krankheit die Folge sein.

Zwar entwickelt sich das Immunsystem in beiden Fällen weiter und erlangt am Ende eine Immunität gegen genau dieses Virus. Doch im zweiten Fall hat das viel länger gedauert und ging mit hohem Fieber und einer schweren Erkrankung einher, von der wir uns erst einmal langsam erholen mussten.

Auch Krisen treffen Menschen unterschiedlich und die Seele muss mit ihnen umgehen. Selbst wenn du resilient bist, fliegst du nach einem Arschtritt vielleicht erst einmal aus der Bahn oder fühlst dich hilflos. Dann aber kommst du schneller zur Ruhe, fasst dich und bist bald handlungsfähig, während andere sich noch in Schockstarre befinden. Resiliente Menschen überwinden Krisen schneller, weil sie schon bald wissen, was sie tun können, was sie loslassen müssen, wo sie Hilfe finden und was sie selbst jetzt brauchen. Weniger resiliente Menschen bleiben oft unsicher, warten auf Hilfe, erleben sich selbst als ohnmächtig und verbringen lange Zeit in diesem Zustand, bis sie endlich ins Handeln kommen.

## Woraus Resilienz besteht

Als zentrales Element der Resilienz bezeichnen Forscher die Selbstwirksamkeitsüberzeugung. Damit ist die tief in unserem Innern verwurzelte Überzeugung gemeint, das eigene Leben gestalten zu können, also einen wichtigen Einfluss darauf zu haben, wie die Dinge sich entwickeln. Wenn du diese Selbstwirksamkeitsüberzeugung besitzt, weißt du zum Beispiel, dass es unter anderem daran liegt, was du tust, ob sich deine Beziehung entwickelt und ob sie in zehn Jahren noch glücklich sein wird oder nicht. Dir ist klar, dass du für dein Glück selbst verantwortlich bist und dass du dafür etwas tun kannst. Genauso weißt du, dass deine Misserfolge nicht nur auf Pech beruhen, sondern in deiner Verantwortung liegen, und dass du daraus etwas lernen solltest, damit sie sich nicht wiederholen. Du weißt, dass deine Handlungen Konsequenzen für dein Leben haben. Genauso wie sie Konsequenzen für das Leben der Menschen um dich herum haben – oder sogar darüber hinaus.

Wer diese Selbstwirksamkeitsüberzeugung nicht besitzt, hat es in einigen Belangen zweifellos einfacher: Geht etwas schief, hat man eben Pech gehabt oder ein anderer war schuld. Deshalb muss man auch nicht unbedingt Verantwortung übernehmen und etwas tun. In Krisen und anderen herausfordernden Situationen führt diese Einstellung allerdings zu der Überzeugung, dass man sowieso nichts machen kann. Damit aber fühlt man sich hilflos ausgeliefert. Man kann eigentlich nur warten, bis irgendwann wieder bessere Zeiten kommen. Genau das erlaubt eine Krise aber nicht.

Mehr noch: Weil gerade Menschen, die das glauben, meistens vorher auch schon wenig gehandelt haben, trifft die Krise sie mit besonderer Wucht. Und wahrscheinlich beschert sie ihnen eine sehr schwierige Zeit, bis sie möglicherweise wider Willen gelernt haben, sich zu befreien und eben doch wichtige Rückschlüsse aus ihr zu ziehen und sie umzusetzen.

## SELBSTWIRKSAMKEITSÜBERZEUGUNG

Da die Selbstwirksamkeitsüberzeugung, wie das Wort schon sagt, eine Überzeugung ist und keine Tatsache, ist es schwer, sie zu trainieren. Darum zähle ich sie nicht zu den Resilienzfaktoren, wie es andere Autoren tun, zum Beispiel Dr. Jutta Heller. Ich sehe die Selbstwirksamkeitsüberzeugung eher als das Ergebnis einer hohen Resilienz, aber nicht als deren Bestandteil.

# DIE NEUN PUZZLESTEINE FÜR PSYCHISCHE STÄRKE

Was aber unterscheidet resiliente Menschen von weniger resilienten? Was genau bewirkt, dass manche von uns diese unerschütterliche innere Überzeugung haben, sich aus jedem Schlamassel befreien zu können, mag er auch noch so ausweglos erscheinen. Was macht diese Menschen aus, die nach einem Schock über sich hinauswachsen und bisher ungeahnte Fähigkeiten entwickeln? Schauen wir genauer hin, entdecken wir mehrere Faktoren, die wie Puzzleteile ineinandergreifen und zusammen ein Ganzes bilden. Je mehr von diesen Bausteinen dir zur Verfügung stehen, umso stabiler und resilienter bist du und umso weniger werfen dich Krisen um. Es lohnt sich also, sich um Resilienz zu kümmern, damit der nächste Sidekick kommen kann.

Natürlich ist es langfristig gut, alle Bausteine zu stärken. Ob du das gleichzeitig machst oder ob du erst einmal mit einem beginnst und eine Zeit lang daran arbeitest, bevor du dich dem nächsten zuwendest, entscheidest du selbst. Du weißt schließlich am besten, wie du dir neue Fähigkeiten am besten erarbeiten kannst. Tue nicht zu wenig, aber auch nicht zu viel auf einmal.

Vielleicht hast du aber gerade viel Zeit? Dann kannst du sie für ein intensives Resilienztraining nutzen. So schlägst du gleich mehrere Fliegen mit einer Klappe: Du tust etwas, das dich sofort stärkt – und wappnest dich gleichzeitig gegen künftige Krisen.

Suche dir aus den folgenden neun Bausteinen diejenigen aus, mit denen du dich zuerst beschäftigen willst. Die Reihenfolge ist egal. Du findest in jedem der folgenden Abschnitte nicht nur eine Beschreibung, sondern auch konkrete Ideen und einfache Übungen.

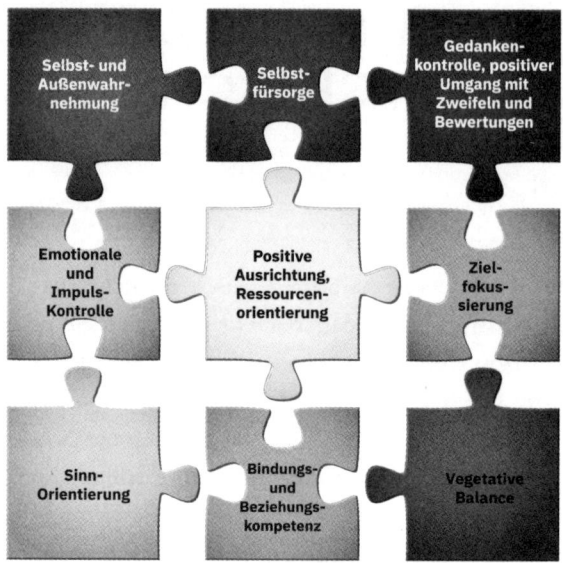

Diese neun verschiedenen Fähigkeiten bilden
das Fundament der Resilienz.

## BAUSTEIN 1: GUTE SELBST- UND AUSSENWAHRNEHMUNG

»Ich habe Hunger!«, sagen manche Menschen und machen sich etwas zu essen. Vielleicht haben sie aber auch nur gerade Lust, etwas zu essen. Manchmal ist es auch einfach zwölf Uhr und das ist halt die gewohnte Essenszeit. Diese Menschen glauben also nur, Hunger zu haben. Sie verwechseln Hunger und Appetit oder Hunger und Ärger oder Hunger und Stress. Irgendetwas fühlt sich unangenehm an und die Erklärung dafür lautet: Hunger. Und oft ist es tatsächlich erst einmal ein bisschen besser, wenn sie etwas gegessen haben. Aber nicht lange …

Die Sache mit dem Hunger ist nur ein Beispiel von Tausenden. Nicht immer ist das, wovon du glaubst, dass es in dir oder um dich herum gerade passiert, wirklich das, was gerade passiert.

## Das, was du denkst, ist nicht das, was passiert

Denken ist abstrakt, es ist eine mentale Beschäftigung. Es setzt, um nah an der Wahrheit zu sein, also dem, was gerade wirklich passiert, eine sehr gute Wahrnehmung voraus. Das Denken ist ständig damit beschäftigt, Dinge einzuordnen, ihnen eine Bedeutung zuzuschreiben und sie in Schubladen zu stecken. Da hat jemand Falten auf der Stirn und schon denken wir: Ist der vielleicht ärgerlich? Und wenn ja, warum? Fragen wir dann nach, stellt sich heraus, dass ihm nur etwas ins Auge gekommen ist, dass er Zahnschmerzen hat oder sich Sorgen macht.

Meistens fragen wir aber nicht nach, sondern bleiben bei unserem »Urteil«. Und wie das ausfällt, hängt viel mit unseren früheren Erfahrungen zusammen – wieder einmal. Hatten wir viel mit ärgerlichen Leuten zu tun, interpretieren wir alles schnell in diese Richtung. Es kann aber auch noch schlimmer kommen. Dann nämlich, wenn wir nicht nur vermuten, der andere sei ärgerlich, sondern es ihm auch voller Überzeugung unterstellen. Weil wir glauben, es zu sehen. Das führt zu den schlimmsten Missverständnissen.

Wenn es darum geht zu verstehen, was in uns selbst vor sich geht, ist es nicht besser. Auch da merken wir vieles nicht oder interpretieren es falsch. Ein gutes Beispiel ist mein Bekannter Klaus. Er arbeitet in der Buchhaltung in einem großen Unternehmen. In seinem Büro sitzen noch ein paar Kollegen und einige andere müssen den Raum durchqueren, wenn sie zur Kaffeemaschine gehen. Abends, wenn Klaus nach Hause kam, hatte er immer häufiger Nackenschmerzen. Wenn er sich nachts dann noch ungeschickt hinlegte, wachte er mit einem steifen Hals auf.

Zusammen mit seiner Freundin versuchte er sich einen Reim auf seine Beschwerden zu machen. »Vielleicht sitzt du ja im Zug?«, fragte sie irgendwann. Klaus achtete darauf, als er am nächsten Tag im Büro saß. Und wirklich: Wenn die Kollegen, die zur Kaffeemaschine wollten, durch die Tür kamen, spürte er einen Luftzug im Nacken.

Klaus sprach mit seinem Vorgesetzten und bat, ob er seinen Schreibtisch nicht an einen anderen Platz stellen könnte. Nach einigem Hin und Her war der Chef einverstanden, aber weil deswegen auch eine Kollegin »umziehen« musste, zog sich das Ganze ein paar Wochen hin.

In der Zwischenzeit waren Klaus' Nackenschmerzen schlimmer geworden. »Egal«, dachte er, »bald wird es ja besser.« Doch leider bewahrheitete sich sein Wunsch auch am neuen Arbeitsplatz nicht. Er hatte weiterhin Schmerzen. Weil es ihm im Urlaub besser ging, vermutete Klaus, dass die Schmerzen wirklich etwas mit der Arbeit zu tun haben mussten. Aber vielleicht lag es gar nicht am Zug?

Er begann jetzt, sich bei der Arbeit besser zu beobachten. In welchen Situationen spürte er seinen Nacken stärker? Ihm fiel auf, dass er manchmal die Schultern hochzog. Ob es an der Tastatur lag? Er beobachtete weiter, bis ihm eines Tages ein Zusammenhang klar wurde, an den er bis dahin noch überhaupt nicht gedacht hatte: Immer wenn sein direkter Vorgesetzter in der Nähe war, spannte sich sein Körper an und er zog unwillkürlich und automatisch seine Schultern etwas nach oben. Mit dem Vorgesetzten hatte es vor einigen Monaten ein schwieriges Gespräch gegeben, weil dieser ein paar Fehler in Klaus' Arbeit moniert hatte. Seitdem fürchtete Klaus, dass es Ärger geben könnte, wenn der Vorgesetzte in den Raum kam.

Erst als sich Klaus dessen klar geworden war, konnte er sein spontanes Verhalten ändern. Er achtete seitdem auf die Haltung seiner Schultern und lernte, sich während der Arbeit zwischendurch immer wieder bewusst ein bisschen zu entspannen. Außerdem arbeitete er an seiner Konzentration, überprüfte an einem ruhigen Tag die Buchungen der letzten Wochen und suchte das Gespräch mit dem Vorgesetzten, um zu erfahren, ob er jetzt mit seiner Arbeit zufriedener war. Dieser bejahte und Klaus hatte weniger Sorge. Ein paar Wochen später ließen auch seine Schmerzen nach.

Die Fähigkeit wahrzunehmen, was in ihnen selbst gerade passiert, was sie fühlen und wodurch diese Gefühle ausgelöst werden, ist bei den meisten Menschen leider stark eingeschränkt. Sie denken darüber nach, was ist, aber sie beobachten es nicht wirklich. Dabei könnten sie vieles viel leichter verstehen, wenn sie das täten.

Auch die Wahrnehmung dessen, was um sie herum passiert, ist oft begrenzt. In Vorträgen erzähle ich gern den Klassiker:»Sie kommt nach Hause und er fragt: ›Oh, warst du beim Friseur?‹ Sie antwortet: ›Ja, vor zwei Wochen.‹« Jedes Mal löst das ein großes Gelächter aus, denn genau das haben wir in der ein oder anderen Variation alle schon einmal erlebt. Es zeigt: Da hat jemand wirklich lange nicht hingeschaut. Und so absurd dir das vielleicht vorkommt, so wenig du dir es für dich selbst vorstellen kannst, wie sicher du dir auch sein magst, dass dir das nicht passieren würde: Es passiert ständig! Partner merken über Tage nicht, wenn der Mensch direkt an ihrer Seite traurig ist. Freundinnen fällt nicht auf, dass eine von ihnen einen neuen Duft trägt. Nachbarn bemerken nicht, dass die Familie über ihnen ausgezogen ist, während sie im Urlaub waren, oder dass der Briefkasten des alten Herrn im ersten Stock überquillt. Wir finden die Butter im Kühlschrank nicht, obwohl sie nur etwas weiter rechts liegt als sonst, und kaufen eine neue. Wir bemerken die Staubflusen in der Ecke nicht oder dass morgens eine Amsel vor dem Fenster zwitschert. Wir schauen nicht in den Himmel, sondern auf unsere App, um zu erfahren, wie das Wetter ist. Wir laufen durch die Straße und bemerken nicht, wer uns begegnet, riechen den Frühling nicht und nicht den Regen, der im Sommer auf dem Asphalt verdunstet. Wir sind irgendwo, aber nicht im Hier und Jetzt.

Eine gute Selbst- und Außenwahrnehmung ist nichts anderes als Gegenwärtigkeit: die Fähigkeit, mit dem Kopf da zu sein, wo der Körper gerade ist. In der Gegenwart. Das ist die erste Säule der Resilienz.

Hier sind zwei Übungen, die ich toll finde, um mehr und mehr ins Hier und Jetzt zu kommen. Je häufiger du sie trainierst, umso mehr wirst du auch wieder von selbst mitbekommen. Du trainierst mit ihnen nämlich dein Gehirn: Du stärkst deine Wahrnehmung, sodass du mehr von den Informationen bemerkst, die deine Sinne dir ständig liefern. Bist du nicht im Hier und Jetzt, tun sie das auch. Du bekommst es aber nicht mit und musst stattdessen nachdenken – und letztendlich raten, was gerade los sein könnte. Meistens liegst du damit falsch.

---

## MEINE LIEBSTE WAHRNEHMUNGSÜBUNG

◇ In dieser Übung tust du etwas ganz Einfaches: Du checkst nacheinander alle deine Sinne, um herauszufinden, was gerade los ist. Du machst sozusagen eine Art Inventur des Hier und Jetzt. Einfach nur hören, riechen, schmecken, fühlen und sehen – mehr brauchst du nicht zu tun.

◇ Bitte achte darauf, dass du das, was du beobachten kannst, nicht bewertest. Nichts ist richtig oder falsch, gut oder schlecht, nichts muss geändert werden. Wenn deine Füße warm sind, ist das in Ordnung. Wenn du merkst, dass sie kalt sind, ist auch das okay. Trotzdem darfst du dir nach der Übung natürlich warme Socken anziehen.

◇ Am besten machst du diese Übung dreimal am Tag zu verschiedenen Zeiten und an verschiedenen Orten. Jeweils 2 Minuten genügen. Am leichtesten gelingt sie anfangs mit geschlossenen Augen.

◇ Welche Geräusche hörst du? Lausche aufmerksam um dich herum, aber auch in dich hinein.

◇ Was kannst du gerade riechen und schmecken?

◇ Was spürt deine Haut? Wo nimmst du Druck wahr? Wie nimmst du Kleidung, Brille, Haare etc. wahr? Und wie den Stuhl, auf dem du sitzt?

◇ Wie ist die Temperatur in deinem Körper?
◇ Wie und wo in deinem Körper spürst du deinen Herzschlag?
◇ Wie fließt dein Atem?
◇ Wo in deinem Körper fühlt sich etwas angenehm an, wo unangenehm?
◇ Nun entscheide dich für eine bestimmte Farbe, öffne die Augen und schaue dich um. Wo siehst du diese Farbe überall?
◇ Nun kannst du die Übung abschließen und dich dem zuwenden, was du als Nächstes tun möchtest.

## WAHRNEHMEN IM ALLTAG

◇ Stelle den Timer auf deinem Smartphone auf eine halbe Stunde. Wenn er sich meldet, hältst du 30 Sekunden inne und schärfst deine Sinne. Was kannst du in diesem Moment in dir und um dich herum wahrnehmen? Was ist genau jetzt der stärkste Eindruck?
◇ Das tust du den ganzen Tag über, alle 30 Minuten. Du wirst dich wundern, was du alles entdeckst!

## BAUSTEIN 2: SELBSTFÜRSORGE

Wenn du spürst und wahrnimmst, was gerade passiert, ist das gut. Es bedeutet aber noch nicht, dass du daraus auch die richtigen Schlüsse ziehst oder dich sinnvoll verhältst. Du kennst sicher viele Leute, die Weltmeister in Absichtserklärungen sind: Nächstes Jahr höre ich mit dem Rauchen auf. Ich sollte wieder Sport machen …

Selbstfürsorge ist der zweite Pfeiler der Resilienz: So handeln, wie es für dich gut und gesund ist. Achtung: Dies heißt nicht, dass du immer nur das machst, was sich sofort gut anfühlt. Dann würdest du zum Beispiel nie mit Sport anfangen, weil der am Anfang wehtut und anstrengend ist. Achte auf folgende Bereiche:

◇ Iss, was deinem Körper guttut, lasse weg, was ihn müde macht oder belastet, und iss nur, wenn du hungrig bist.

◇ Versorge deinen Körper jeden Tag mit ausreichend Wasser.

◇ Schlafe, wenn du erwachsen bist, nicht weniger als sieben Stunden im Durchschnitt.

◇ Bewege dich jeden Tag, damit es deinem Körper gut geht und du gesund bleibst oder wirst. Eine halbe Stunde schwitzen und schnaufen, egal wie.

◇ Wenn du krank bist, engagiere dich zu 100 Prozent, damit sich dein Körper erholen und heilen kann.

◇ Wenn du dir wegen einer Behandlung unsicher bist, hole dir eine zweite Meinung.

◇ Triff Menschen, mit denen es dir gut geht. Trenne dich von solchen, die dich nicht wertschätzen, dich immer wieder enttäuschen oder dich ausnutzen.

◇ Mache eine ehrliche Suchtbilanz: TV, Handy, Tablet, Alkohol, Nikotin, Koffein, Sex oder Pornos. Was tust du, worauf du nicht einfach verzichten kannst, obwohl es dir nicht unbedingt guttut? Ändere, was zu ändern ist, verschenke den Fernseher, stelle das Wlan nur zwei Stunden am Tag an, lege dein Handy immer wieder mal in die Schublade. Hole dir Hilfe, wenn du sie brauchst.

◇ Sprich Konflikte an und bereinige sie. Sorge für Klärung, wo es dir nicht gut geht.

◇ Sage Nein, auch wo dir das bisher schwergefallen ist.

◇ Schenke dir immer wieder Genussmomente, in denen du dich behandelst wie einen besonders wichtigen Menschen. Benutze für deinen Espresso die schönste Tasse. Mache aus dem Essen ein kleines Fest. Decke den Tisch, auch wenn du allein isst. Pflege dich. Ziehe dich gut an, selbst wenn du den ganzen Tag im Homeoffice arbeitest.

### Das Tagebuch zur Selbstfürsorge

Ein Tagebuch hilft, sich gut um sich selbst zu kümmern. Denn es kann helfen, sich bewusst damit auseinanderzusetzen, wie man sich selbst behandelt. Vielen fällt dabei eine Menge auf, was sie vorher gar nicht gemerkt haben. Dann ist klar, was als Nächstes zu tun ist.

Wenn du gut für dich sorgst, stärkst du unmittelbar dein Selbstwertgefühl. Denn dieses Gefühl verändert sich deutlich weniger durch deine Gedanken oder durch das, was du dir selbst sagst, sondern durch deine Handlungen. Wenn du dir morgens vor dem Spiegel sagst, dass du dich liebst und dich wunderbar findest, und dann tagsüber alles tust, um deine Gesundheit zu zerstören, wirst du dir deine Liebeserklärung nicht glauben. Verhalten hat viel mehr Macht als Gedanken!

Tust du Dinge, die dir selbst guttun, zeigst du dir mit jeder Geste, dass du wichtig bist. Die Schlussfolgerung liegt auf der Hand: Du musst einfach klasse sein, wenn du dich so gut behandelst. Wertvoll und jemand ganz Besonderes. Es ist im Übrigen nicht wichtig, dass du das schon glaubst, wenn du damit anfängst, besser für dich zu sorgen. Die Überzeugung stellt sich nach und nach ganz von allein ein.

## BAUSTEIN 3: GEDANKENKONTROLLE, POSITIVER UMGANG MIT ZWEIFELN UND BEWERTUNGEN

Gedanken können einen verrückt machen. Sie rasen wie eine Horde Affen durch den Kopf, bereiten Sorgen und Ängste und rauben manchmal den Schlaf. Es kommt aber noch schlimmer. Es ist nicht nur die bloße Menge an Gedanken, die stören und den Kopf verwirren kann, sondern auch deren Inhalte. Gedanken befassen sich mit allem Möglichen und oft auch mit viel Quatsch, kaltem Kaffee und ungelegten Eiern. Sie bewerten und zweifeln, bringen Wenns und Abers, auch wenn eine Entscheidung eigentlich schon getroffen ist. Das macht die meisten Menschen fertig und kostet eine Menge Kraft. Zeit also, die Horde zu zähmen, oder? Denn die entscheidende Frage lautet: Wer hat das Kommando in deinem Kopf? Deine Gedanken oder du selbst?

Die meisten Menschen versuchen, wenn sie zweifeln oder von einem negativen Gedanken zum nächsten kommen, durch positives Denken gegenzusteuern. Das bringt aber meistens nicht viel, weil man ja nur einen Affen durch einen anderen ersetzt. Im schlimmsten Fall kommt der erste Affe zurück und dann hat man statt einem gleich zwei im Kopf, die sich da fröhlich batteln. Also lieber Ruhe in den Gedankensalat bringen und die Affen entthronen. Sie sind deine Vergangenheit, Automatismen, die du dir nie ausgesucht hast.

Glaube nicht alles, was du denkst, und reduziere die Flut deiner Gedanken. Mit den zwei folgenden Übungen gelingt das.

---

## DAS GEDANKENPROTOKOLL

◇ Setze dich an einen Ort, wo du eine halbe Stunde lang ungestört bist, nimm dir ein paar Blatt Papier und einen Stift, mit dem du entspannt schreiben kannst.

◇ Jetzt beobachte alle, wirklich alle Gedanken, die durch deinen Kopf wandern, und schreibe sie auf – Gedanken sind Text, also Worte und Sätze in deinem Kopf – vollkommen ungeschminkt, genau so, wie sie kommen, ganz egal, wie sinnvoll, dumm oder tiefgründig sie sind. Auch Gedanken, die sich mit der Übung beschäftigen, schreibe auf. Mache keinen Unterschied.

◇ Wenn eine halbe Stunde um ist, liest du dir noch einmal durch, was du aufgeschrieben hast. Es ist die Bilanz deiner Gedanken in 30 Minuten. Sei neugierig, wie viele wichtige oder neue Gedanken dabei waren.

◇ Wenn du ein paarmal so ein Protokoll geschrieben hast, bekommst du einen guten Überblick, was in deinem Kopf vorgeht, und kannst deine Gedanken wahrscheinlich schon mit mehr Abstand betrachten.

Falls du zu den Menschen gehörst, die von ihren Gedanken richtiggehend geplagt werden und sie gerne los wären, findest du viele wirkungsvolle Übungen in meinem Buch »Gedanken für den Mülleimer«, das sich ausschließlich mit diesem Thema beschäftigt. Eine Übung, die sich auch in diesem Buch befindet, ist die Ameisenforschertechnik.

---

## AMEISENFORSCHERTECHNIK ZUR GEDANKENBEOBACHTUNG

◇ Nimm dir zwei Minuten Zeit, in denen du ganz aufmerksam alle Gedanken beobachtest, die dir durch den Kopf gehen. Beobachte sie mit freundlichem Interesse, wie es ein meditationserfahrener Buddha tun würde – ohne sie zu bewerten oder zu verurteilen. Teile die Gedanken in unterschiedliche Kategorien ein: Wenn du ein ängstlicher Mensch bist, könnten ängstliche Gedanken eine Kategorie sein. Wenn du viel über andere nachdenkst und sie beurteilst, kann das eine Kategorie sein. Gedanken, die sich mit der Farbe der Erbsen auf deinem Teller beschäftigen, kommen in die Kategorie »Belangloses«. Entscheide selbst und sei neugierig, welche Kategorien dein Kopf besonders gern bedient.

◇ Diese Übung solltest du mindestens einmal am Tag machen, damit du schnell registrierst, wie sich deine Gedanken nach und nach verändern, klären und entspannen.

Egal, für welche Technik du dich entscheidest, um deine Gedanken zu zähmen: Wenn du in eine schwierige Situation kommst, wirst du merken, wie befreiend es ist, Ruhe im Kopf zu haben und klar denken zu können!

## BAUSTEIN 4: KONTROLLE VON GEFÜHLEN UND VERHALTEN

Genauso wie Gedanken haben auch deine Gefühle nicht zwangsläufig viel mit der Realität zu tun. Genau genommen ist das sogar sehr selten der Fall. Wenn du beispielsweise eifersüchtig bist, bedeutet das nicht automatisch, dass es dafür auch einen Grund gibt. Genauso wenig heißt es, dass eine Spinne oder Schlange gefährlich ist, nur weil du Angst vor ihr hast. Und bist du verzweifelt, heißt das nicht, dass deine Situation objektiv hoffnungslos ist. Die meisten Gefühle haben viel mehr mit dir selbst zu tun als mit der äußeren Realität. Und zwar (schon wieder) mit deiner Vergangenheit.

Im Buddhismus werden solche Gefühle Anhaftungen genannt. Sie sind meistens Erinnerungen – Verbindungen zu alten Verletzungen, die dir in der Vergangenheit zugefügt wurden. Indem du die damaligen Gefühle in aktuellen Situationen wiedererlebst, hängst du psychologisch gesehen in der Vergangenheit statt im Hier und Heute. Du bist vielleicht sauer auf deinen Freund, der abends noch arbeitet, anstatt sich für dich Zeit zu nehmen – deine Gefühle sind aber die des kleinen Mädchens, das du mal warst und für die die Mama nie Zeit hatte, weil der Haushalt immer wichtiger war. Diese alten Verbindungen zu lösen ist eins der Ziele der spirituellen Arbeit in den buddhistischen Traditionen. Meditation unterstützt dabei. Sie hilft, Gefühle zu lindern, die aus der Vorzeit kommen und das Leben heute einfärben wollen.

### Gefühle kontrollieren mit Meditation

Unkontrollierte Gefühle führen häufig auch zu unkontrolliertem Verhalten. Wer auf der Straße beleidigt wird und sein Gegenüber mit einem Faustschlag niederstreckt, leidet eindeutig unter einer schlechten Impulskontrolle. Es gibt einen Auslöser im Außen (die Beleidigung), ein Gefühl (zum Beispiel Wut) und eine Reaktion, den Impuls (den Faustschlag). Das führt zu neuen Problemen und verstärkt die alten Muster.

Die Neuropsychologin Prof. Ulrike Halsband untersucht an der Universität in Freiburg die Gehirne von Menschen, die seit vielen Jahren meditieren. Ihre Ergebnisse zeigen: Diese Menschen verändern durch regelmäßige Meditation ihre Gehirne so, dass Gefühle und Impulse gelindert sind, anstatt wie ein Gewitter einfach auszubrechen.

Vereinfacht gesagt werden durch das Meditieren bestimmte Bereiche im vorderen (frontalen) Teil des Gehirns gestärkt, die für das vernünftige Denken und die Verhaltenssteuerung zuständig sind. Gleichzeitig verlieren andere Bereiche in den tiefen Regionen des Gehirns, die heftige und reflexartige Emotionen transportieren, an Dichte. Wenn du meditierst, wirst du also weniger mit heftigen Gefühlen konfrontiert und fühlst dich ruhiger und gelassener – auch wenn es einmal hoch hergeht. Das lässt dich auch in Krisen gelassener bleiben.

Du kannst mit einer App oder einer CD meditieren. Tipps dazu findest du im Anhang auf Seite 157. Aber natürlich kannst du auch ganz ohne Hilfsmittel meditieren.

Hier und jetzt möchte ich dir meine Lieblingsmeditation aus der tibetisch-buddhistischen Tradition vorstellen. Richte dir dafür einen Ort ein, an dem du ungestört etwa zehn Minuten mit dir allein sein kannst.

Am besten funktioniert die Meditation am frühen Morgen, noch ehe dein Tag beginnt. Wähle ein Thema aus, mit dem du dich beschäftigen willst. Das kann eine Frage sein, auf die du dir eine Antwort wünschst, aber auch etwas, was du einfach in dir selbst besser spüren willst. Vielleicht willst du auch in Kontakt mit deinem Unterbewusstsein kommen und neue Ideen finden. Jedes Thema ist in Ordnung.

## ZEHN-MINUTEN-MEDITATION

◇ Im ersten Schritt machst du es dir bequem und schließt die Augen. Versammle in deiner Vorstellung alle Menschen um dich herum, die in der Vergangenheit eine wichtige positive Rolle für dich gespielt haben, die an dich geglaubt haben und die dir ermöglicht haben, der Mensch zu werden, der du heute bist.

◇ Im zweiten Schritt denkst du an dein Thema, ohne dich anzustrengen. Beobachte, ob Ideen auftauchen, und wenn ja, welche. Wenn du abgeschweift bist, komme zu deinem Thema oder deiner Frage zurück, ohne dich anzustrengen. Gib dem, was auftauchen kann, Zeit, ohne Druck. Es kann sein, dass etwas auftaucht, es kann aber auch sein, dass nichts Besonderes geschieht. Beides ist in Ordnung.

◇ Im dritten Schritt versammelst du nach einigen Minuten in deiner Vorstellung alle Menschen, für die du meditierst. In der tibetischen Tradition meditierst du nämlich nie für dich allein. Dein eigenes Wohlergehen ist kein Selbstzweck, sondern es dient auch den Menschen um dich herum, denen es besser gehen wird, wenn du ausgeglichen und gut mit dir in Kontakt bist. Nimm dir etwas Zeit, diese Menschen liebevoll zu betrachten, atme dann ein paarmal tief durch und orientiere dich zurück im Außen.

## BAUSTEIN 5: POSITIVE AUSRICHTUNG UND RESSOURCENORIENTIERUNG

Resiliente Menschen sind positiv. Allerdings nicht so, wie das die Päpste des positiven Denkens hochloben. Das klassische positive Denken führt nämlich häufig zu massivem Realitätsverlust. Sätze wie »Alles wird gut« und »Du kannst alles erreichen, wenn du es dir nur genug wünschst« klingen zwar verlockend, funktionieren aber nicht.

Wer gesund positiv ist, nimmt die Dinge erst einmal so wahr wie sie sind, möglichst objektiv und neutral, eine nüchterne Bestandsaufnahme. Du dramatisierst die Lage nicht, beschönigst sie aber auch nicht. Es ist, wie es ist. Auto kaputt, Frau weg, Konto überzogen? Okay.

Jetzt wird es spannend. Denn anstatt darüber nachzudenken, wohin das alles führen wird, wie es so weit kommen konnte oder wer was falsch gemacht hast, machst du eine weitere Bestandsaufnahme: Welche Ressourcen sind da? Welche Fähigkeiten hast du, auf welche Dinge kannst du zurückgreifen, welche Menschen kennst du, die dir jetzt vielleicht helfen könnten? Du machst also eine positive Bilanz. Ähnlich wie ein Koch, bei dem sich an einem Sonntagnachmittag überraschend 50 Gäste anmelden, die er nicht eingeplant hat. Auch er schaut: Was ist alles noch da? Was habe ich im Kühlhaus, was im Vorratsschrank? Was wächst im Garten, was kann ich mir vielleicht bei den Nachbarn ausleihen und was kann ich in der Natur finden? Wachsen da gerade Steinpilze oder Sauerampfer? Was lässt sich aus den Resten vom Mittagessen noch zaubern? Das meine ich mit positiver Ausrichtung.

Es ist letztlich egal, wie groß ein Problem ist, wenn die Ressourcen ein bisschen größer sind. Nur das ist am Ende entscheidend. Wenn du das weißt, brauchst du nicht mehr zu verzweifeln. Es geht dann vielmehr darum, nach weiteren Ressourcen zu suchen, wenn die bekannten noch nicht ausreichen, um das Problem zu lösen.

Dazu möchte ich eine persönliche Erfahrung teilen. Im Lockdown im März 2020 gerieten einige meiner Freunde, von denen viele selbstständig sind, in existenzielle Not. Es war unklar, wie sie es schaffen würden, ihren Betrieb zu halten oder den Kredit für ihr Häuschen zu bezahlen, in dem sie mit zwei kleinen Kindern wohnen. Sie hatten von einem Tag auf den anderen kein Einkommen mehr. Jeder hatte andere Herausforderungen zu bewältigen, aber in vielen Gesprächen stellte sich heraus, dass diese Herausforderungen zum Teil einfach zu groß schienen, um sie zu bewältigen.

Wir entschieden uns, unsere Ressourcen zusammenzuwerfen, um gemeinsam stärker zu sein. Wir waren eine Gruppe von zehn Menschen in ganz unterschiedlichen Lebenssituationen und im ersten Schritt sammelten wir alle Ressourcen, die wir uns und unseren Familien ganz unkompliziert und kostenlos gegenseitig zur Verfügung stellen wollten. Das waren Güter (Lagerplatz, Lieferwagen, Zimmer zum Unterkommen, Getränke, deren Haltbarkeitsdatum fast erreicht war, ein Auto mit Anhängerkupplung, Sämereien und Ableger für den Garten, eine Ferienwohnung, Werkzeuge, eine Filmausrüstung und vieles andere), Fähigkeiten (Lateinnachhilfe, Designs erstellen, Programmieren, juristisches Wissen, Bäume fällen, kochen), Kontakte, die wir einander anboten, sowie Hilfe bei ganz konkreten Herausforderungen (etwas reparieren, einen Brief fürs Amt erstellen, einen Umzug machen, Medikamente für den kranken Hund vorbeibringen, trösten und beraten).

Die Grundlage dafür war und ist Vertrauen und die Überzeugung, dass alle ihr Bestes tun werden, um einander bestmöglich zu unterstützen. Es ist fantastisch, was sich inzwischen alles Großartiges daraus entwickelt hat. Das Leben hat einige von uns seitdem ziemlich gebeutelt – und doch sind alle seelisch gut durch den Sturm gekommen.

Die positive Ausrichtung hört also nicht bei dir selbst auf. Stärken von anderen zu sehen, anstatt ihnen ständig ihre Schwächen um die Ohren zu hauen, stärkt nicht nur ihre, sondern auch deine Resilienz und verändert deinen Blickwinkel nach und nach.

Wenn du erst einmal bei deinen eigenen Stärken anfangen möchtest, ist die folgende Übung perfekt für dich. Denn Schwächen gibt es überall. Ich könnte aus dem Stand eine ganze Seite mit meinen Schwächen füllen und du bestimmt auch. Aber: Welche Stärken stehen ihnen gegenüber?

## STÄRKEN UND FÄHIGKEITEN SAMMELN

◇ Nimm dir eine Stunde Zeit und notiere mindestens 50 Stärken oder Fähigkeiten, die du hast. Das ist das Minimum. Es dürfen auch 100 sein. Am einfachsten ist das, wenn du mit »Ich kann …« anfängst. Was dann kommt, muss nichts Weltbewegendes sein … Fahrradfahren, Pfannkuchenbacken, Rechtschreibung, eine Fremdsprache, zuhören, geduldig sein. Schreibe alles auf, was du kannst.

◇ Wenn du eine Partnerschaft oder Familie hast, nimm dir nun eine weitere Stunde Zeit und schreibe alle Stärken und Fähigkeiten deines Partners oder deiner Partnerin auf und die deiner Kinder.

◇ Dann setzt euch zusammen und tauscht euch aus. Wer Ergänzungen für die Liste der anderen hat, darf sie dazuschreiben. Du wirst sehen: Das wird ein großer Schatz, der dich und deine Liebsten augenblicklich stärkt. Und noch mehr, wenn ihr die Listen zu Hause gut sichtbar aufhängt.

Es gibt noch eine weitere wundervolle Übung für jeden Tag:

## DAS DANKBARKEITSTAGEBUCH

◇ Notiere jeden Abend fünf Dinge oder Situationen, die deinen Tag wertvoll gemacht haben. Manchmal ist das ganz leicht, manchmal weniger. Egal. Jeden Tag das Beste, auch wenn es Kleinigkeiten waren: »Während ich vom Büro zum Auto rannte, ließ der Regen ein winziges bisschen nach.«

◇ Stelle dir dafür die folgenden Fragen:
  ◇ Worauf war ich heute stolz?
  ◇ Was habe ich heute gut gemacht?
  ◇ Wobei habe ich mich heute überwunden und es getan?
  ◇ Wobei hatte ich heute Glück?

- ◇ Was hat heute gut geklappt?
- ◇ Worüber habe ich mich heute gefreut?
- ◇ Wer hat mir heute geholfen?
- ◇ Was hat mir heute eine Freude gemacht?
- ◇ Wem habe ich heute geholfen, wem eine Freude gemacht?

Um deinen Blick für die Stärken der Menschen um dich herum zu schärfen, lobe täglich ganz bewusst drei verschiedene Menschen, mit denen du zu hast. Das kann der Briefträger sein, der Mann an der Supermarktkasse, deine Nachbarin, deine Arbeitskollegin, dein Partner.

## BAUSTEIN 6: ZIELFOKUSSIERUNG, AKTIVITÄT

Ohne Aktivität kein Fortschritt. Wer nichts tut, bleibt, wo er ist, egal, was er sich vorstellt. Du hast bestimmt Ziele – große und kleine. Aber verfolgst du sie schon konsequent? Oder findest du noch Ausreden, zum Beispiel, indem du dir sagst: »Wenn ich mal Zeit habe, dann ...« Es ist immer leichter, eine Ausrede zu finden, als an einem regnerischen, windigen Tag in die Laufschuhe zu schlüpfen.

Für diese neuen Aktivitäten braucht es auch neue Gewohnheiten. Deine Ziele zu verfolgen sollte Teil deines täglichen Tuns werden – und zwar jeden Tag. Sonst startest du hoch motiviert und bist zwei Wochen später wieder da, wo du vorher warst. Neujahrsvorsätze sind dafür das beste Beispiel. Sie sind ernst gemeint, der Wille ist da, nur an der Umsetzung hapert es.

Wenn du deine Ziele im Fokus hast, gehst du nicht davon aus, dass du sie herbeiwünschen und sofort ohne Hindernisse erreichen kannst. Du rechnest mit Schwierigkeiten und bist bereit, dich darum zu kümmern und Lösungen zu finden. Du gibst nicht auf, wenn es eine Weile dauert, bis die Lösung da ist. Wenn du so handelst, bist du nicht nur resilienter, sondern auch gesünder und wahrscheinlich auch erfolgreicher als viele anderen. Die meisten Menschen haben nämlich Ziele, aber sie tun konstant nicht immer etwas dafür, sie auch zu erreichen. Oder nicht das Richtige.

Wie du mit täglichen Checklisten deine Ziele im Blick behältst, erfährst du zum Beispiel in dem Buch des Erfolgstrainers Dieter Beyer. Zum Start kannst du folgende Übung nutzen, die ich ein bisschen abgewandelt habe.

---

## DIE 25-ZIELE-LISTE

◇ Besorge dir ein schönes dickes Notizbuch, mit dem du ein paar Monate lang arbeiten kannst.

◇ Notiere darin 25 Ziele, die du für dich, dein Leben und das Leben deiner Liebsten hast. Achte darauf, dass Ziele aus verschiedenen Bereichen deines Lebens in der Liste auftauchen:

◇ Ziele für deine Gesundheit

◇ Ziele für deine Beziehungen – wie sollen sie sein, welche wünschst du dir?

◇ Materielle und berufliche Ziele

◇ Ziele, die dein Leben sinnvoller machen – Bereiche, für die du dich wirksam einsetzen möchtest, ohne dass du persönlich davon profitierst. Damit tust du gleich schon etwas für den nächsten Resilienzbaustein, der mit dem Sinn zu tun hat.

Ziele sind nicht an einem Tag oder mit einem Schritt erreichbar, sonst wärst du schon längst da. Entscheide dich für drei Ziele, die du zuerst verfolgen willst. Die anderen dürfen noch warten.

Nun suche fünf ganz konkrete und kleine Aktionen, die für eines oder mehrere deiner Ziele einen ersten Schritt bedeuten. Das kann ein Anruf sein, eine Information, die du dir besorgst, etwas, das du aufschreibst, eine Entscheidung, die du triffst, etwas, das du mit jemand anderem gemeinsam tust und so weiter.

Wenn du das jeden Tag machst, wirst du deinen Zielen in Riesenschritten näher kommen. Du glaubst mir nicht? Probiere es vier Wochen lang aus. Das reicht. Du wirst überrascht sein.

Eine weitere Technik besteht in den sogenannten Tiny Behaviours: winzige Verhaltensänderungen, die nach und nach zu Gewohnheiten werden und dann weitere Veränderungen möglich machen. Dr. Fogg hat an der Uni Stanford geforscht und herausgefunden, dass winzige Veränderungen ideal sind, um große Veränderungen zu schaffen. Wenn du morgens Yoga praktizieren möchtest, fange mit einer einzigen Übung an, zu der du dich leicht motivieren kannst. Dann freue dich darüber, zum Beispiel, indem du »Yeah!« rufst und die Fäuste ballst. Das führt dazu, dass im Gehirn Dopamin ausgeschüttet wird, ein Belohnungsbotenstoff, der süchtig macht. Am nächsten Tag wiederholst du das Ganze, bis es dir richtig leichtfällt. Dann kommt die nächste kleine Veränderung dazu und wieder feierst du dich, damit der Körper das wiederholen möchte.

Wenn du beginnst, deine Ziele wirklich zu verfolgen, mit den Methoden, die funktionieren, wirst du schon in wenigen Monaten stabiler sein und wissen, dass du Großes schaffen kannst – so wie es nach einem Arschtritt oft notwendig ist.

## BAUSTEIN 7: SINNORIENTIERUNG

Was macht dein Leben sinnvoll? Stellst du dir diese Frage? Oder fragst du dich eher, was du vom Leben willst? Das ist nämlich nicht das Gleiche. Mit der zweiten Frage lenkst du den Fokus auf Äußeres: Geld, Erfolg, eine glückliche Beziehung. Du willst etwas haben. Die Frage nach dem Sinn will etwas anderes: Wer willst du sein?

Die Philosophin Ariadne von Schirach stellt sogar drei Fragen, die dich deinem Lebenssinn ganz einfach näher bringen können, wenn du sie zulässt und sie als Wegweiser nutzt. Hier findest du sie sinngemäß wieder:

◇ Was für ein Mensch möchte ich sein?

◇ Wie möchte ich mit anderen Menschen umgehen?

◇ In was für einer Welt möchte ich leben?

Die Antworten auf diese Fragen sollten dich dann zu konkreten Aktionen führen. Wenn du in einer Welt leben möchtest, in der Kinder vor Gewalt geschützt sind, musst du dich in irgendeiner Form engagieren. Wenn du ein guter Mensch sein möchtest, musst du definieren, woran du einen guten Menschen erkennst, und dich dann daran halten, so gut es geht. Möchtest du mit anderen liebevoll umgehen, neigst aber zu spontanen Wutausbrüchen, musst du an dieser Stelle arbeiten.

Wenn du nach dem Sinn in deinem Leben suchst, wirst du ganz persönliche Antworten für dich finden. Das ist richtig so. Wenn du dich nach ihnen ausrichtest, wirst du zwar wahrscheinlich nicht reicher und du wirst wahrscheinlich auch nicht mehr Spaß haben. Dein Leben wird wahrscheinlich sogar unbequemer. Und trotzdem wird es erfüllter und glücklicher. Frage also nicht, was du vom Leben willst, sondern frage das Leben, was es von dir will. Vielleicht findest du nach jeder Krise neue Antworten. Das ist gut.

Wenn du dich gerade in einer Situation befindest, in der du nicht weiterweißt, weil du vielleicht eine weichenstellende Entscheidung treffen musst, kannst du die folgende Übung nutzen, um mit dem in Verbindung zu kommen, was wirklich von Bedeutung ist.

## STELLE DIR VOR, DU BIST 80, GLÜCKLICH UND WEISE UND SITZT AUF EINER BANK ...

◇ ... umgeben von denen, die du liebst, Kindern, Enkeln oder deinem Hund, und blickst auf ein erfülltes Leben zurück. Du weißt, dass du mit einem guten Gefühl sterben kannst, wenn es an der Zeit ist.

◇ Was würdest du der Frau oder dem Mann raten, die/der du heute bist? Welche Prioritäten würdest du setzen? Welche Entscheidungen fändest du richtig und wichtig? Wo würdest du eine Kurskorrektur empfehlen? Und wo mehr oder weniger Engagement?

## BAUSTEIN 8: BINDUNGS- UND BEZIEHUNGSKOMPETENZ

Menschliche Nähe ist nicht nur in Krisen wichtig. Sie stärkt uns immer. Wir brauchen sie wie die Luft zum Atmen. Doch nicht jedem fällt es gleich leicht, Beziehungen aufzubauen, Freunde zu finden oder andere Menschen anzusprechen. Was einigen Menschen wie von selbst gelingt, müssen andere mühsam lernen. Die gute Nachricht ist: Du kannst es lernen. Jeder kann das.

Dabei gibt es zwei Arten von Beziehungen, die für die Resilienz, die seelische Kraft, wichtig sind: lockere Bekanntschaften und tiefe Beziehungen wie Freundschaften.

### Lockere Bekanntschaften und flüchtige Begegnungen

Diese Beziehungen umfassen alle Menschen, die du kennst und die du aus den verschiedensten Gründen im Alltag triffst. Das kann die Nachbarin sein, die du im Hausflur grüßt, der Arbeitskollege, mit dem du kurz über das Wetter redest, ein Kunde, mit dem du einmal im Monat telefonierst, die Verkäuferin im Supermarkt, Eltern von Schulfreunden deiner Kinder, die Kollegin aus einer anderen Stadt, die du von Fortbildungen kennst. Du kennst sie nicht gut, aber das macht auch nichts.

Hast du schon einmal ausprobiert, was passiert, wenn du diese Menschen wirklich beachtest und ihnen das auch zeigst?

Vor einiger Zeit stand ich im Supermarkt an der Kasse und beobachtete die Kassiererin beim Tippen. Sie hatte lange bunte Fingernägel und ich fragte mich, wie sie es mit diesen Nägeln schaffte, die richtige Taste zu treffen. Genau das fragte ich sie

DIE NEUN PUZZLESTEINE FÜR PSYCHISCHE STÄRKE

dann auch, als ich dran war – einfach, weil es mich wirklich interessierte. Die Frau fing an zu strahlen und nahm meine Frage als Kompliment. Sie erklärte mir, dass das Übung sei und dass es ihr ganz leichtfalle. Ich wiederum erzählte ihr, dass ich mir die Nägel immer schneiden müsste, wenn ich viel zu tippen hätte, wie zum Beispiel im Moment. Seitdem erkennt sie mich, wenn ich einkaufe. Wir lächeln uns an, freuen uns und tauschen ein paar Sätze aus.

So erlebe ich viele Begegnungen und sie machen meinen Tag schön. Außerdem kann ich so leichter um Hilfe bitten, wenn ich etwas brauche. Ich weiß, dass die oder der andere mir viel lieber hilft, wenn wir uns sympathisch sind. Das macht die vielen oberflächlichen Begegnungen reicher. Es ist auch ganz einfach: Ich habe es bisher noch nie erlebt, dass sich jemand nicht darüber gefreut hätte, beachtet zu werden.

Mit den folgenden Fragen kannst du eine Bekanntschaft intensivieren:

◇ Müssen Sie noch lange arbeiten oder haben Sie schon bald Feierabend?
◇ Wo haben Sie diese tollen Schuhe her?
◇ Waren Sie gestern nicht auch schon hier?
◇ Haben Sie eine neue Frisur?
◇ Es ist immer schön, bei Ihnen einzukaufen. Sie sind immer so freundlich.
◇ Danke, dass Sie das so schön eingepackt haben.
◇ Haben Sie auch Kinder?
◇ Sie sind so braun, waren Sie im Urlaub?
◇ Wie geht es Ihnen?
◇ Sie sehen müde aus. Hatten Sie einen langen Tag?

Oft entstehen daraus kurze Gespräche und schöne Begegnungen. Ich versuche, allen Menschen gegenüber wertschätzend zu sein, die ich treffe oder mit denen ich telefoniere, auch wenn ich sie nicht kenne. Das Wunderbare dabei ist: Ich selbst erlebe diese kurzen Kontakte als erfüllend. Ich gehe strahlend und glücklich aus dem Supermarkt. Mein Tag ist voll von Begegnungen mit wirklich sympathischen Leuten.

## Tiefe Beziehungen und Freundschaften

Diese Beziehungen brauchen etwas mehr Zeit. Die Grundbedingung dafür sind gegenseitiges Vertrauen und vor allem eine Menge gemeinsam verbrachter Zeit. Damit sich eine wirklich tiefe und langjährige Freundschaft entwickelt, müssen Menschen im Schnitt mehrere Hundert Stunden Zeit miteinander verbracht haben! Das ist viel. Bei der Arbeit klappt das gut, wenn man sich wirklich austauscht. Auch solange man noch zur Schule geht. Dann aber wird es schwieriger und erfordert Aktivität und Einsatz.

Es lohnt sich, Zeit mit Menschen zu verbringen, von denen du dir vorstellen kannst, mit ihnen befreundet zu sein. Warum nicht einfach mal mit jemandem zum Mittagessen gehen, den du nur flüchtig von der Arbeit kennst? Warum sich nicht mal in der Kantine woanders hinsetzen als sonst und mit den Kollegen aus der Nachbarabteilung reden? Oder den neuen Nachbarn spontan zur Grillparty einladen, zu der auch ein paar alte Freunde kommen?

Mein Mann und ich feiern ein- bis zweimal im Jahr eine große Party bei uns zu Hause. Dazu laden wir neben unseren Freunden immer auch ein paar Leute ein, die noch nicht unsere Freunde sind, es aber vielleicht werden. Nicht jedes Mal kommt es dazu, aber immer wieder entwickeln sich tiefe Beziehungen. Ich erlebe das als großes Geschenk. Ähnlich geht es mir, wenn ich jemanden, den ich aus dem beruflichen Umfeld kenne und nett oder interessant finde, mal auf einen Kaffee oder zu einem gemeinsamen Mittagessen treffe und die Beziehung plötzlich in eine persönlichere Richtung geht. Das Einzige, was uns da im Weg steht, sind in der Regel alte Glaubenssätze: Das macht man nicht, das gehört sich nicht, den kennst du doch gar nicht, was denkt der wohl.

Gib keinen Pfifferling auf diese Überzeugungen. Du wirst merken: Es ist ganz anders als in deiner Vorstellung. Fast jeder freut sich darüber, dass sich jemand für ihn interessiert, und wenn ich dann beim Kaffee persönliche Fragen stelle, die mich wirklich interessieren, bekomme ich fast immer eine ausführliche und ehrliche Antwort.

Interessant ist, dass das auch digital klappt. Einer meiner Kunden, dessen Mitarbeiter im Homeoffice arbeiten, nutzt eine Software, die nach dem Zufallsprinzip Mitarbeiter auslost, die sich dann zu einer vereinbarten Zeit eine halbe Stunde online »treffen« und einen Kaffee zusammen trinken. Ziel dabei ist, dass sich im Unternehmen neue Menschen kennenlernen. Das funktioniert! Viele der Mitarbeiter sind begeistert und sprechen plötzlich mit Menschen, die sie bisher noch nie wahrgenommen haben, die sich aber plötzlich als sympathische Gesprächspartner herausstellen. Ich bin sicher, dass sich daraus die ein oder andere Freundschaft entwickeln wird. Und das Einzige, was es dazu gebraucht hat, war der Mut, etwas Neues auszuprobieren.

Nähere dich anderen Menschen, sei aktiv. Meldet sich jemand nicht gleich zurück, probiere es noch einmal. Viele Menschen sind einfach schüchtern und wissen gar nicht, wie sie mit deiner Einladung umgehen sollen. Ich bin da gerne ein bisschen hartnäckig und das führt meist zu bereichernden Begegnungen.

### BAUSTEIN 9: VEGETATIVE BALANCE

Das vegetative Nervensystem regiert Körper und Seele. Es steuert die Hormone, beeinflusst das Immunsystem, entscheidet über Stress oder Gelassenheit und ist deshalb sehr wichtig für die innere Balance. Genau deshalb ist es einer der zentralen Bestandteile von Resilienz. Körper und Psyche sind nicht klar voneinander getrennt. Sie hängen vielmehr voneinander ab und das vegetative Nervensystem ist dabei die Schnittstelle. Damit es gut funktionieren kann, müssen ein paar Basics gegeben sein:

◇ Schlaf – bei Erwachsenen etwa 7 Stunden pro Nacht.

◇ Flüssigkeit. Als Faustregel gilt: 1,5 Liter pro Tag, bei Sport oder Hitze entsprechend mehr.

◇ Gesunde Nahrung, nicht zu viel, außerdem mindestens vier Stunden Pause zwischen den Mahlzeiten. Noch besser sind zwei Mahlzeiten als drei, damit der Darm genug Ruhepausen bekommt. Sorge auch dafür, dass dein Gewicht im Normalbereich liegt.

◇ Bewegung. Eine halbe Stunde schwitzen und schnaufen als Faustregel.

◇ Aktive, achtsame Entspannung. Gut geeignet sind Meditationen, Yoga, Qigong oder Progressive Muskelrelaxation. Auch ein Bad in der Wanne tut es. Und Achtung: All diese Methoden sind auf keinen Fall durch Chillen vor dem Fernseher oder vor dem Computer zu ersetzen.

Wenn du deinen Körper damit versorgst, kann er nach einer Anstrengung schnell abschalten, damit du zur Ruhe kommst. Das ist die beste Vorsorge gegen Stress, und zwar auch, wenn du viel um die Ohren hast. Stress an sich ist kein Problem, wenn das vegetative Nervensystem fit ist. Kümmere dich deshalb genauso gut um deinen Körper wie um deine Seele!

# DER NÄCHSTEN KRISE GUT GEWACHSEN SEIN

Resilienz kannst du ganz nebenbei im Alltag stärken. Dabei ist nicht entscheidend, womit du anfängst und ob du dir den leichtesten oder den schwierigsten Puzzlestein zuerst vornimmst. Jeder Schritt macht dich stärker und widerstandsfähiger und jeder macht dich lebendiger und authentischer. Du kannst dich damit für den nächsten Arschtritt wappnen, den dir das Leben mit absoluter Sicherheit, früher oder später, vorbeischicken wird. Er wird nicht schmerzfrei sein, auch wenn du eine starke Seele hast. Aber du wirst dann viel leichter erkennen, was du tun kannst und musst, um über dich hinauszuwachsen. Du kannst deinen Schwung für dich nutzen. Du wirst das Potenzial und die Energie des Arschtritts schnell erkennen und vorankommen. Dann ist alles gut. So soll es sein.

Denn ob eine Situation schlimm ist oder nicht, entscheidet sich erst im Nachhinein. Was passiert, ist oft weniger wichtig als das, was du daraus machst, was du daraus lernst und wie du daran wächst. Ohne die Krisen in deiner Vergangenheit wärst du nicht der wundervolle Mensch, der du heute bist! Und da ist noch mehr Potenzial, das das Leben noch aus dir herauskitzeln will. Jede Krise führt dich zu neuen Schätzen in dir selbst und zu Kräften, von denen du vielleicht nicht einmal etwas geahnt hast.

Nun hast du viel über Krisen gelernt. Vielleicht siehst du ja die ein oder andere Krise aus deiner Vergangenheit jetzt mit anderen Augen. Wenn du dich nun unter den Menschen umschaust, die dir nah sind, wirst du den ein oder anderen entdecken, der gerade in einer Krise steckt. Vielleicht ist der Auslöser einer, der dich nicht einmal ins Stocken gebracht hätte, den du selbst locker weggesteckt hättest – aber du weißt nun ja, dass jeder seine eigenen blinden Flecken hat, die ihn aus den alten Komfortzonen werfen. Seit ich verstanden habe, wie Krisen entstehen, habe ich ein großes Verständnis für Menschen entwickelt, die an einem Punkt ins Wanken geraten, der mich überhaupt nicht berühren würde. Und ich weiß, dass sie möglicherweise genau da mit großer Gelassenheit agieren würden, wo es mir den Boden wegzieht.

Ich finde es wunderbar, wenn sich Menschen gegenseitig unterstützen, wenn einer von ihnen in eine Krise gerät. Wie geht das aber am besten? Wir haben oben schon gesehen, dass es wichtig ist, nichts kleinzureden oder zu beschönigen. Hat deine beste Freundin gerade einen Arschtritt kassiert und ist verzweifelt, sei einfach für sie da, bis sie sich gefangen hat.

Manchmal reicht das aber nicht. Weil viele Menschen dann erst einmal zurück in den alten Zustand streben, ihre alte Komfortzone zurückhaben wollen, kann es wichtig sein, auch Mut zu machen, sich der Veränderung zu stellen, die das Leben verlangt. Das ist nicht immer einfach, es kann sein, dass du dich damit erst einmal unbeliebt machst. Das lohnt. Denn wenn der Mensch, den du magst, aus dem Arschtritt wirklich einen Quantensprung macht, hat sich alles gelohnt – und du kannst sicher sein, dass du nicht ein Vierteljahr später wegen des gleichen Problems wieder trösten musst. Und wenn du jemanden kennst, bei dem genau das passiert, solltest du klare und freundliche Worte finden. Du hilfst gern, aber nicht immer wegen der gleichen Sache. Es ist okay, eine Krise zu erleben, aber man muss sich dann auch entwickeln und die Einladung dazu annehmen. Dabei hilfst du gern. Beim immer gleichen Drama in der x-ten Folge aber irgendwann nicht mehr.

Der bewusste Umgang genau damit stärkt ganz nebenbei auch dich. Denn du wirst dir immer bewusster, dass die Arschtritte ein Teil des Lebens sind, und veränderst dadurch deine eigene Bewertung. Siehst du sie nicht mehr als Katastrophe, die auf keinen Fall hätte passieren dürfen, sondern als etwas, das geschieht, nicht weil es guttut, sondern weil es notwendiger Teil der Existenz ist, leidest du weniger, wenn du selbst wieder einen Sidekick bekommst. Du wirst zu einer wahren Meisterin oder einem wahren Meister in der Bewältigung von Krisen und bist gewappnet. Du weißt: Du kannst ruhig etwas wagen, denn Arschtritte kommen so oder so. Dann doch gleich richtig leben! Du bist bereit: für das Schwierige, aber vor allem für das Gute, das Süße und Lebendige im Leben. Du wirst das Leben intensiver spüren und intensiver und mutiger leben.

# AUSBLICK

Egal, welche Krise: Ist sie überwunden, genießt du eine Zeit der Harmonie, in der vieles neu ist – bis in einem anderen Lebensbereich ein Aufbruch ansteht oder dich abermals ein Arschtritt von außen erwischt.

Lass dich nicht beirren. Gedanken wie: »Das ist nichts für mich«, »Das kann ich sowieso nicht« oder »Dafür bin ich zu alt« wollen dich zurückhalten. Du kannst sie registrieren, aber nimm sie nicht ernst. Gehe weiter. Deinen Weg. Je beweglicher du im Alltag bist, umso weniger haben Krisen bei dir zu tun. Je neugieriger du auf das Leben in all seinen Facetten wirst, auch die unerwarteten oder sogar unerwünschten, umso schneller entwickelst du dich zu dem Menschen hin, der du sein kannst.

Um dich selbst anzunehmen, so wie du wirklich bist, wirst du alte Vorurteile über Bord werfen müssen. Trenne dich von Perfektionismus und anderen Erwartungen, die du bisher an dich hattest, um dich zu akzeptieren. Ich mag das Bild einer Vielzahl von Quellen, aus denen unser Leben sprudelt. Wahrscheinlich hast du in der Vergangenheit nur aus einigen von ihnen getrunken, wurdest vielleicht sogar vor den anderen gewarnt. Sie gehören jedoch alle dir. Ihre Mischung macht dich zum wundervollsten Menschen.

Letztlich scheint genau das das Leben zu sein: eine Reise, die mit Anstrengung verbunden ist, auf der du dir manchmal das Knie aufschlägst oder gar ein Bein brichst, bevor du einen Gipfel erklimmst, von dem aus du völlig neue Horizonte entdeckst – und neue Sehnsüchte in dir. Folge ihnen, nimm sie ernst und lass dich ganz auf dein Leben ein. Es lohnt sich!

Krisen sind ein Teil davon, Glück und Befreiung ein anderer. Eins geht nicht ohne das andere und vielleicht geht es am

Ende ja gar nicht darum, ein besonders leichtes Leben zu haben, sondern ein erfülltes: bis zum Anschlag gefüllt mit Neugier und Mut, mit Scheitern und Erfolg – für dich und andere, so gut du es kannst, als stetig Lernende oder Lernender.

Vertrauen hilft. Du brauchst Krisen nicht auszuweichen, selbst wenn du anfangs nicht verstehst, warum sie über dich hereingebrochen sind. Du hast es in der Hand, ihre Energie zu nutzen und aus deiner alten Matrix auszusteigen. Gestalte dein Leben und lass dir von ihm helfen! Krisen sprengen alte Grenzen und machen Platz für etwas Neues. ·

# BÜCHER UND ADRESSEN, DIE WEITERHELFEN

## Bücher

Allione, Tsültrim: *Den Dämonen Nahrung geben. Buddhistische Techniken zur Konfliktlösung.* Arkana

Amann, Ella Gabriele: *Resilienz.* Haufe Taschenguide

Beyer, Dieter: *Verbrenne dein Hamsterrad.* Eigenverlag www.dieter-beyer.com

Fetzner, Dr. Angela: *Nie mehr krank. So stärken Sie Ihr Immunsystem.* Books on demand

Heller, Prof. Dr. Jutta: *Resilienz. 7 Schlüssel für mehr innere Stärke.* GRÄFE UND UNZER

Heepen, Günther: *Natürliche Virenkiller. Mit der Hilfe der Natur: Immunsystem stärken und Viruserkrankungen vorbeugen.* GRÄFE UND UNZER

Hendrix, Harville/LaKelly Hunt, Helen: *Liebe einfach … und eure Partnerschaft blüht auf.* RGV Renate Götz

Hüther, Gerald: *Bedienungsanleitung für ein menschliches Gehirn.* Vandenhoek & Ruprecht, Taschenbuch

Hupe, Dr. Vera: *Polyvagal-Theorie und Corona.* www.praxis-dr-vera-hupe.de / Downloads.php

Keil, Dr. Till-Uwe: *Spiritualität oder die offene Weite.* In: Mann, Frido/ Mann, Christine (Hrsg.): Im Lichte der Quanten. Konsequenzen eines neuen Weltbilds. wbg Theiss

Mourlane, Denis: *Resilienz. Die unentdeckte Fähigkeit der wirklich Erfolgreichen.* BusinessVillage

Ofman, Daniel: *Hallo, Ich da …?! Entdecke Deine Kernqualitäten mit dem Kernquadrat.* deBoom

Pinker, Susan: *The village effect. Why face-to-face-contact matters.* Atlantic Books

Porges, Stephen: *Die Polyvagal-Theorie. Neurophysiologische Grundlagen der Therapie.* Junfermann Verlag

Porges, Stephen: *Die Polyvagal-Theorie und die Suche nach Sicherheit.* G. P. Probst Verlag

Precht, Anke: *Gedanken für den Mülleimer. Grübelballast und anderen Schrott im Kopf entsorgen.* GRÄFE UND UNZER

Precht, Anke: *Wie strick ich mir ein dickes Fell. Das Workbook für Frauen.* Trias

Precht, Anke: *BeHappy. Das 365-Tage-Coaching-Programm.* Eigenverlag www.ankeprecht.de

Schirach, Ariadne von: *Du sollst nicht funktionieren. Für eine neue Lebenskunst.* Tropen Verlag

Siegel, Daniel: *Mindsight. The new science of personal transformation.* Bantam (reprint)

Strunz, Dr. med. Ulrich: *Die 15 besten Tipps für ein starkes Immunsystem.* Heyne

Taylor, Shelley et al: *Biobehavioral responses to stress in females: tend-an-befriend, not fight-or-flight.* Psychological review, 107(2), 2000

Tolle, Eckhart: *Jetzt! Die Kraft der Gegenwart. Ein Leitfaden zum spirituellen Erwachen.* Kamphausen

Watzlawick, Paul: *Vom Schlechten des Guten oder Hekates Lösungen.* Piper

Watzlawick, Paul: *Anleitung zum Unglücklichsein.* Piper

## Adressen und mehr

### Telefonseelsorge

0800 / 111 0 111 oder 0800 / 111 0 222 oder 0800 / 116 123
*www.telefonseelsorge.de*

### Hilfe beim Meditieren

Meditation mit Neurofeedback für das tägliche Training
*https://choosemuse.com/de/*

Meditation als Selbsthypnose zu verschiedenen Themen mit CD
*https://kaiser-rekkas.de/audio*
*https://werner-eberwein.de/cds-buecher/*

Mein Buch »Gedanken für den Mülleimer« beinhaltet außerdem einen Download für eine Meditationsanleitung für das Loslassen von Gedanken.

**Spannende Videos**

Fogg, BJ:
*www.youtube.com/watch?v=AdKUJxjn-R8*
*Tiny Behaviour, wie man Verhaltensveränderungen schafft (auf Englisch).*

Hendrix, Harville/LaKelly Hunt, Helen:
*www.youtube.com/watch?v=FfbfHtoHqiE*
*Wertschätzende Kommunikation für Paare (auf Englisch).*

Harari, Yuval Noah:
*www.youtube.com/watch?v=sRRhvwkV7L0&feature=youtu.be?fbclid=IwAR3e*
*l7sNeS5AZQaFFUFWccgEOuO97GBL8r1Mjv85_8ixkO2uylfgc3yKKvA*
*Die Coronakrise historisch betrachtet (auf Englisch).*

Pinker, Susan:
*www.ted.com/talks/susan_pinker_the_secret_to_living_longer_may_be_your_*
*social_life*
*Wie man gesund alt wird (auf Englisch).*


**Seminare für Menschen in persönlichen Krisen**

www.nellesinstitut.de

www.zist.de

www.ankeprecht.de


**Seminare für Menschen in beruflichen Krisen**

www.dieter-beyer.de


**Kontakt zur Autorin**

anke@ankeprecht.de

www.ankeprecht.de

facebook.com/ankeprechtpsychologie/

www.powerforum.de

# MEHR ENERGIE,
# MEHR WOHLBEFINDEN!

## IMPRESSUM

2021 GRÄFE UND UNZER VERLAG GmbH,
Postfach 860366, 81630 München

Gräfe und Unzer ist eine eingetragene Marke der
GRÄFE UND UNZER VERLAG GmbH, www.gu.de

1. Auflage 2021

ISBN 978-3-8338-8089-6

Projektleitung: Anja Schmidt, Stella Schossow

Lektorat: Sylvie Hinderberger

Umschlaggestaltung: ki36 Editorial Design, Sabine Krohberger

Layout: independent Medien-Design, Horst Moser, München

Herstellung: Susanne Fuhrmann

Satz: Christopher Hammond

Repro: Longo AG, Bozen

Druck und Bindung: Livonia Print, Riga

Umwelthinweis: Dieses Buch wurde auf PEFC-zertifiziertem Papier aus nachhaltiger Waldwirtschaft gedruckt.

Die GU-Homepage finden Sie unter www.gu.de

Illustrationen (Cover und Innenteil): ki36 Editorial Design, Bettina Stickel, mit Ausnahme von S. 52, 62 und 126: Andreas Precht
Autorenfoto (Klappe hinten): Markus Dietze

Syndication: www.seasons.agency

 www.facebook.com/gu.verlag

GRÄFE
UND
UNZER

*Ein Unternehmen der*
GANSKE VERLAGSGRUPPE